Maja Lo Faso, Manuela Grieser, Nicole Amrein

Der Körper weiß den Weg

Ganzheitlich genesen nach psychischen Krisen

Maja Lo Faso, Manuela Grieser, Nicole Amrein
Der Körper weiß den Weg
Ganzheitlich genesen nach psychischen Krisen
1. Auflage 2023
ISBN Print: 978-3-86739-230-3
ISBN E-Book (PDF): 978-3-86739-237-2
ISBN E-Book (EPUP): 978-3-86739-238-9

Bibliografische Information der Deutschen Nationalbibliothek
Die Deutsche Nationalbibliothek verzeichnet diese Publikation in der Deutschen Nationalbibliografie; detaillierte bibliografische Daten sind im Internet über http://dnb.d-nb.de abrufbar.

Weitere Ratgeber, Selbsthilfebücher und Erfahrungsberichte unter www.balance-verlag.de

Lektorat: Katrin Klünter, Bergheim
Umschlaggestaltung: Michael Schmitz, Arnbruck, www.grafikschmitz.de, unter Verwendung eines Fotos von Yuriy Seleznev / shutterstock.com
Typografiekonzeption: Iga Bielejec, Nierstein
Typografieanpassung und Satz: Alexander Klar, Deutschland
Illustrationen: Manuela Grieser, Bern
Druck und Bindung: Westermann Druck Zwickau

Konkrete Übungen zu den gedruckten Anregungen können Sie im Internet herunterladen:
https://balance-verlag.de/product/der-koerper-weiss-den-weg
Den Zugangscode finden Sie im Buch auf Seite 41.

Ein paar Worte vorab

Liebe Leserin, lieber Leser,

schön, dass Sie mehr über Genesungswege erfahren und den Ihren bewusster gehen möchten! Vielleicht haben Sie auch zu unserem Buch gegriffen, weil Sie Menschen in Ihrem Umfeld begleiten.

In diesem Ratgeber lernen Sie zahlreiche Ihrer Ressourcen und Selbstheilungskräfte vertieft kennen – viele davon nutzen Sie bereits jetzt ganz selbstverständlich. Beispielsweise verlangt allein der Umstand, diese Zeilen zu lesen, Ihren Sinnen und Ihrem Gehirn sehr viel ab, und doch gelingt es spielend. Vermutlich haben Sie gerade an einem ruhigen Ort Platz genommen, das Buch zum Licht hin geöffnet und den Kopf in der passenden Distanz zu den Seiten ausgerichtet. Ihre Augen sind fähig, über die Zeilen zu gleiten und Worte, ganze Sätze zu erfassen. Sie konzentrieren sich, verstehen das Gelesene, stellen einen Bezug zu sich, Ihren Erfahrungen und Ihrem Leben her und erkennen einen Sinn in Ihrem Tun. Gleichzeitig funktioniert Ihr Körper im Hintergrund weiter: Sie atmen, verdauen und verstoffwechseln, Ihr Herz versorgt Sie mit sauerstoffgesättigtem Blut. All das ist nur ein Bruchteil der Fähigkeiten, über die Sie und Ihr Körper ohne großen Aufwand verfügen.

Schauen wir auf die Anfänge unserer Welt zurück, sehen wir, wie unbeschreiblich entwicklungsfähig alles Lebendige ist und wie komplex die Zusammenhänge zwischen Körper, Geist und Umgebung sind. Leben – und damit letztlich unser heutiges – keimte vor über vier Milliarden Jahren in Form von Einzellern auf dieser Erde. Im Laufe der Zeit ist aus den ersten

Lebensformen eine enorme Vielfalt an Pflanzen, Tieren und auch der Mensch hervorgegangen, allesamt unmittelbar eingebunden in ihre Umwelt. Die Umwelt beeinflusste ihr Verhalten und ihre Entwicklung. Jede Spezies bildete überlebenswichtige, individuelle und hochspezialisierte Fähigkeiten aus. Und irgendwann wurden wir in dieses Leben hineingeboren, haben uns in Wechselwirkung mit anderen Menschen und unserer Umgebung entwickelt und entwickeln uns bis heute, wie es bereits unsere Eltern, Großeltern bis hin zu unseren frühesten Vorfahren getan haben.

In einer Welt, die prägend wirkt, müssen wir im Spannungsfeld zwischen Bedürfnissen, Mitmenschen und Umwelt unseren Weg finden. Dabei leiten uns Urinstinkte, die auf soziale Bindung, Sicherheit und Überleben ausgerichtet sind. Erfahrungen wirken sich auf unser Verhalten und unsere Entwicklung aus – ein Wechselspiel, das förderlich oder hinderlich sein kann. Unser Lebensweg ist als körperliche Erinnerung gespeichert und macht uns zu dem, was wir heute sind: Wesen, die durch ihr Sein und Tun ihre Welt mitgestalten.

Was Sie von diesem Buch erwarten können

In diesem Ratgeber beleuchten wir das komplexe Zusammenspiel von körperlichen, emotionalen und mentalen Prozessen. Wir erkunden die zentrale Bedeutung sozialer Beziehungen für unser Verhalten, unsere Entwicklung und Gesundheit. Für jeden Bereich stellen wir Ihnen Möglichkeiten vor, wie Sie Handlungsspielräume (wieder-)entdecken und kreativ nutzen können. Wir suchen nach Ansätzen, um – gerade unter schwierigen Umständen – gut für sich selbst zu sorgen und die eigene

Entwicklung positiv zu beeinflussen. Unabhängig davon, ob Sie selbst oder Ihre Angehörigen von einer psychischen Erkrankung, von einer Belastungssituation oder akuten Lebenskrise betroffen sind, möchten wir Ihnen anwendbares Wissen über das Menschsein in die Hände legen, damit Sie persönlichen Herausforderungen wirksam begegnen können.

Dabei stützen wir uns auf wissenschaftliche Erkenntnisse der Neurologie, Psychologie und Entwicklungsbiologie. Gleichzeitig stehen wir spirituellen Konzepten offen gegenüber, wenn diese Genesung und Selbstheilungskräfte stärken. Falls Sie sich also beispielsweise einem Glaubenssystem verbunden fühlen sollten, welches das Konzept der Kreation jenem der Evolution vorzieht, so ersetzen Sie im Geist die Begriffe. Auch ist es unser Anliegen, die Inhalte und Anregungen allseitig zu gestalten, sodass sie kurzfristig zur Steigerung der Lebensqualität dienen sowie mittel- und langfristig dazu befähigen, mit einer Erkrankung gut zu leben oder gar einen vollumfänglichen Genesungsweg zu gehen. Die Inhalte können helfen, psychische und soziale Herausforderungen in einem neuen Licht zu betrachten und die Beziehung zu betroffenen Angehörigen positiv zu gestalten. So handelt dieses Buch weniger über psychische Erkrankungen als über unsere Menschlichkeit und darüber, was diese gedeihen lässt.

Als Autorinnen greifen wir auf langjährige Erfahrungen als Körpertherapeutin und ganzheitliche Prozessbegleiterin, als kreativ Schaffende, Selbstcoach, Krisenerprobte, Pflegefachperson, Bildungsverantwortliche und Angehörige zurück. Wir verknüpfen Fachwissen mit Selbsterfahrung und verbinden aktuelle Forschungsergebnisse mit praktischen Ansätzen und althergebrachtem Wissen. Die hier vorgestellten therapeutischen Techniken entwickelten wir zur Selbstanwendung weiter. Erfahrungsberichte, die von Selbstheilungskräften und Selbstwirksamkeit erzählen, runden diesen Ratgeber ab.

Wie es aufgebaut ist

Das Buch ist in drei Teile gegliedert. Viele Abschnitte enden mit einer Zusammenfassung »Kurzgefasst«, in der wir die Essenz des Erfahrenen festhalten.

Im einleitenden ersten Teil suchen wir nach einem Grundverständnis von Selbstheilung, Selbstwirksamkeit und Genesung, um den Boden für Veränderung zu bereiten. Dabei treten wir auch einen Schritt zurück und beleuchten kollektive Entwicklungen, Normen und Werte. Wir ergründen, wie diese mit uns Individuen in Wechselwirkung stehen.

Im Hauptteil schauen wir uns die Ressourcen von Körper, Gefühlswelt und Geist an. Ebenso beleuchten wir zwischenmenschliche Beziehungen – deren Segen und Herausforderungen – und die Beziehung zu sich selbst. Wir ergründen die innere Logik negativer Verhaltensmuster und zeigen Möglichkeiten des Wandels auf. Diese fünf Schwerpunkte – Körper, Gefühlswelt, Geist, Beziehung und Verhalten – sind stets mit praktischen Anleitungen zur Selbsthilfe und Beispielen verbunden. Wir verweisen auf ergänzende Praxistools im Downloadbereich dieses Buches, die teilweise von Nicole Amrein in Form von Audiodateien eingesprochen wurden. Sie können diese unter *https://balance-verlag.de/product/der-koerper-weiss-den-weg* herunterladen. Den Zugangscode finden Sie auf Seite 41 in der Fußnote. Auf diese Weise befähigen wir Sie im Hauptteil und Download zur Entwicklung von Selbstwirksamkeit auf allen Ebenen.

Im dritten und letzten Teil befassen wir uns mit dem Genesungsprozess als solchem. Wir zeigen, wie Sie Selfcoaching und Selbstheilungseinheiten gestalten können und dauerhafte Prozessbegleitung in eigener Sache erlernen. Hilfsmittel, Wissen und Anregungen sind beschrieben, damit positiver Wandel ganzheitlich geschieht. Auch zeigen wir, wie es gelingen kann, Rückschritte im Prozess und Wellenbewegungen im Befinden abzufedern.

Wie Sie es nutzen können

Um Selbstheilung und -fürsorge zu kultivieren, ist ein Prozess notwendig. Das hier vermittelte Wissen will verstanden und körperlich erlebt werden. Neue Erfahrungen brauchen Zeit, um im Alltag zu abrufbaren Fähigkeiten zu werden, die sich neu im Selbstbild manifestieren. Wir empfehlen Ihnen daher, sich nur mit einem Aspekt pro Tag zu beschäftigen – vielleicht sogar mit weniger. Die Auseinandersetzung wird tiefer und nachhaltiger, wenn Sie ein Thema langsam reifen lassen, dieses beispielsweise mit auf einen Spaziergang nehmen oder darüber schlafen. So kann der Prozess nicht nur Ihren Intellekt, sondern Ihr ganzes Selbst berühren und sich durch Träume, körperliche und emotionale Bewegungen sowie Verhaltensänderung ausdrücken.

Damit Sie Ihren inneren Prozess gelegentlich auch von außen betrachten können, schlagen wir vor, ein Notizbuch anzulegen. Ein solches kann Ihnen helfen, zu erkennen, was Sie bereits geleistet haben und welche Themen – vielleicht unbemerkt – erledigt sind. Es hilft, innezuhalten und sich über die eigene Entwicklung zu freuen. Und es gibt der persönlichen

Entwicklung Gestalt und eine tiefere Dimension. Unverstandene Träume und innere Bilder überdauern als Schätze, die Sie später heben können. Dokumentieren Sie Ihre Entwicklung Ihren Vorlieben entsprechend mit künstlerischer Gestaltung und Poesie oder mit Selbstbeobachtung und Reflexion – oder mit alledem.

Wir hoffen, dass Ihnen dieses Buch Inspiration, nützliches Handwerkszeug und gutes Geleit auf Ihrem Genesungsweg bietet und dass dieser zunehmend leichter, gehaltvoll und erfüllend wird.

Herzlich, Maja Lo Faso, Manuela Grieser und Nicole Amrein

PS: Größter Dank gilt all unseren Weggefährten und Wegbegleiterinnen für ihre Liebe, Geduld, Unterstützung und die langen Spaziergänge. Auch danken wir Michaela Pape, Isabelle Scherler und Claudia Ryffel für ihre wertvollen Erfahrungsberichte, Wendelin Kappeler für die Lippenbremse und Brige Lobsiger für den nachhaltig guten Input. Ohne sie alle wäre dieses Buch nicht, was es ist.

Das Wesen des Ganzen

In diesem Kapitel suchen wir nach einem ganzheitlichen Verständnis von Selbstheilung und Selbstwirksamkeit – mit allen Sinnen, mit Körper, Herz und Verstand. Wir zeigen, dass körperliche Selbstheilung naturgegeben ist und wir Selbstwirksamkeit, also lösungs- und ressourcenorientiertes Handeln bei psychischen Belastungen, erlernen können, diese jedoch nicht zum Allgemeinwissen zählt. Dafür ziehen wir wissenschaftliche Erkenntnisse und althergebrachtes Wissen heran und beleuchten im Zeitraffer, wie sich die Menschheit entwickelt hat und welche kollektiven Normen und Werte dabei eine maßgebliche Rolle gespielt haben. Auf diese Weise werden brachliegende Ressourcen für ganzheitliche Genesung und Entwicklung sichtbar.

Selbstheilung – Naturgesetz und Hoffnungsschimmer

Ist Selbstheilung möglich? Sicher ist: Unser Körper ist ihrer kundig. Er kann Wunden und Erkrankungen – oft ohne viel absichtsvolles Zutun – heilen. Aber ob Selbstwirksamkeit als willentliches Gehen des eigenen Genesungswegs auch bei psychischen Erkrankungen funktionieren kann? Das Wesen unserer Psyche ist mehrdimensional und durchlässig – es wird beeinflusst durch unser Denken, durch Emotionen, Gefühle und die Körperlichkeit sowie durch Beziehungen und unsere Biografie. Psychische Versehrungen und Erschütterungserfahrungen schreiben sich oft tief im Selbst und Verhalten ein, durchdringen unser Erleben und erscheinen als einzig mögliche Realität. Wir brauchen folglich einen umfassenden, bewussten und aktiven Ansatz, um unser Selbst innerlich und äußerlich neu ausrichten zu können und selbstwirksam zu werden.

Aus der Neurologie, der Gehirnforschung, wissen wir, dass unser Körper psychischen Wandel unterstützt. Beispielsweise konnte die neuronale Plastizität, also die Formbarkeit unseres Gehirns, vielfach nachgewiesen werden. Unser Gehirn und Nervensystem formen sich zeitlebens entsprechend ihrem Gebrauch, das heißt durch äußere Einflüsse und innere Impulse (Renz-Polster, Hüther 2022). Ähnlich den Waldwegen, die durch vielfaches Begehen allmählich breiter werden und bei Nicht-Begehen verwildern, prägt das, was wir erleben, unsere körperlichen Strukturen und unser psychisches Befinden. Was wir oft tun, geht uns zunehmend leicht von der Hand, unabhängig davon, ob es konstruktiv oder destruktiv ist. Inzwischen wissen wir auch, dass die aktive Nutzung des Gehirns, körperliches und geistiges Training sowie eine reizvolle, interessante Umgebung die Teilung und Neubildung von Nervenzellen anregen (Bauer 2013). Stimulierende Impulse, die keinerlei Bedrohung darstellen, führen dazu, dass sich Gehirn und Persönlichkeit positiv entwickeln oder gar neu bilden. Letztlich ist belegt, dass liebevolle soziale Beziehungen tiefgreifend heilend auf die Psyche und den Körper wirken (Bauer 2008). Wertschätzung, liebevolle Zuwendung, Sicherheit, Unterstützung und Liebe lassen Menschen gedeihen. Folglich dient auch Psychotherapie als positiv korrigierende soziale Beziehung – sie wirkt heilsam auf Denken, Fühlen und Verhalten bis hin zu den körperlichen Prozessen (Ambühl, Grawe 1988).

Unser Körper kann uns auf dem Genesungsweg leiten, da zeitlebens jegliche Sinneserfahrung physisch abgespeichert wird. Körperwahrnehmung ermöglicht es, die Wirkung von inneren und äußeren Impulsen auf unser Befinden zu erkennen. Dadurch werden wir fähig, ein für uns förderliches Umfeld aufzusuchen, Belastungen und Stressoren als solche zu erkennen und abzumildern (zu desensibilisieren) sowie unser Inneres zu reorganisieren.

KURZGEFASST Selbstheilung, das Erlernen von Selbstwirksamkeit und psychische Genesung sind reale menschliche Möglichkeiten. Die Fähigkeit unseres Gehirns zum Wandel bildet ihre biologische Basis. Für die aktive Bewältigung von psychischen Krisen sind positive Impulse im körperlichen, emotionalen und mentalen Bereich sowie die Auseinandersetzung mit biografischen Belastungen notwendig. Sie erst ermöglichen eine Verhaltensänderung, die sich letztlich in Wohlbefinden und Genesung niederschlägt. Unterstützende Beziehungen – privater und therapeutischer Natur – fördern unsere Selbstheilungskräfte und Wandlungsfähigkeit.

Wandel, Selbstheilung und die Genesung von psychischen Erkrankungen sind aus biologischer Sicht möglich. – Was empfinden Sie beim Lesen dieses Satzes? Nehmen Sie dies möglichst wertfrei wahr, gerade dann, wenn Sie uns in einem Winkel Ihres Herzens oder gar zutiefst widersprechen. Was Sie empfinden, ist in Ordnung. Halten Sie Ihre ersten Impulse zur Idee von Selbstheilung schreibend oder gestaltend in Ihrem Notizbuch fest.

→ Emotionaler Stressabbau (ESR), Seite 85, mildert auf einfache Weise Gefühle der Verzweiflung ab. Die Anwendung »Lebenssinn und Spiritualität« (Download Mentalbereich) verstärkt Ressourcen. Den Zugangscode für die Anwendungen finden Sie auf Seite 41.

»Bevor ich mich mit dem Thema Selbstheilungskräfte auseinandergesetzt habe, hätte ich vehement verneint, dass Selbstheilung und psychische Genesung reale menschliche Fähigkeiten sind. Hoffnungslosigkeit und Verzweiflung waren bei mir so viel größer als alles, was ich mir vorstellen konnte – Stagnieren auf tiefem Niveau. Die Arbeit an diesem Buch verursacht in mir gerade einen wesentlichen Wandel: Ich bin nicht einfach krank. Es kann mir besser gehen, als es mir im Moment gerade geht. Ich kann mich auf meinen gesunden Kern beziehen – und sei dieser noch so klein. Denn was klein ist, kann wachsen.«

Die Wolfsfrau

Die Fähigkeiten zur Selbstheilung und Regeneration sind durch die Evolution gewachsen. Sie basieren auf körperlichen Strukturen und sind im Gehirn und Nervensystem verankert. Seit Urzeiten existent, liegt es auf der Hand, dass nicht nur die moderne Wissenschaft, sondern auch alte Kulturen und indigene Völker darüber Kenntnis haben. Eine Geschichte über Selbstheilung stammt aus Mexiko (Estés 2022):

Es war einmal eine alte Frau. Sie war füllig, am ganzen Körper behaart und in zottige Kleider gehüllt. Die alte Frau lebte in einer kargen Gebirgswüste. Nur wenige hatten sie gesehen oder kannten sie gar persönlich. Dennoch wussten alle, dass es sie gibt, und hofften, sie zu treffen, um etwas über ihre Seele zu erfahren. Die alte Frau verbrachte den Tag damit, Wolfsknochen zu suchen. Denn mit den Wölfen fühlte sie sich besonders verbunden. Und wenn sie nach langem Suchen ein ganzes Wolfsskelett zusammengetragen hatte, legte sie es so am Boden aus, dass sich jeder Knochen am richtigen Platz befand. Dann breitete sie darüber die Arme aus und begann, zu singen. Sie sang so schön und markerschütternd, dass die Bergwände erzitterten. Sie sang sirrend, tief brummend, zart und wild, bis sich um die Knochen Sehnen und Muskeln bildeten. Sie sang und langsam wuchs über den Muskeln das Fell. Sie summte sanft in die Ohren des Wolfes, wiegte ihn auf ihrem Schoß und strich mit ihren rauen Händen durch sein Fell. Da tat der Wolf plötzlich einen tiefen Atemzug, öffnete seine gelben Augen, reckte und schüttelte sich. Er sprang auf, heulte aus tiefster Kehle und machte sich in Richtung Horizont davon. Und nur diejenigen mit den wirklich guten Augen sahen, dass er sich in weiter Ferne in eine Frau verwandelte, die lachend von dannen zog.

Welche Gefühle, Bilder und Gedanken löst diese Geschichte bei Ihnen aus? Wie deuten Sie sie? Können Sie Verbindungen zu Ihrem eigenen Leben ziehen? Vielleicht haben Sie Lust, zu schreiben oder zu malen. Geben Sie Ihren Eindrücken auf persönliche Weise Gestalt.

→ Die Heldenreise nach Joseph Campbell (1974) ist ein bildhaftes Modell der Persönlichkeitsentwicklung. Es beleuchtet die Essenz von Geschichten und Märchen. Im Download Mentalbereich finden Sie das Modell sowie eine Auswahl klassischer Heldenreisen. Vielleicht gehört Ihre Lieblingsgeschichte dazu.

> *»Es ist bestimmt aufwendig, aus Knochen einen Wolf zusammenzusetzen. Es braucht Zeit, eine Vision – wie im richtigen Leben. Wenn ich nicht weiß, wo ich hinwill, mich treiben lasse, womöglich in belastenden Gedanken und Emotionen, dann entsteht bestimmt kein Wolf daraus.«*

KURZGEFASST Selbstheilung wird von einer Vision geleitet. Sie geschieht, wenn alle Sinne daran beteiligt sind, und ist ein erschütternder, kreativer und persönlicher Prozess, der nur in Verbundenheit mit der Natur – unserer Natur – stattfinden kann.

→ Hören Sie den von Nicole Amrein geschriebenen und vertonten Song »Freedom in us« im Download an.

Die Geschichte der Wolfsfrau erzählt von einem Selbstheilungsprozess, in dem Totgeglaubtes zu neuem Leben erwacht. Sie beruht auf der Annahme, dass jede Persönlichkeit vielschichtig ist. Zustände wie Unsicherheit, Abgeklärtheit, kindlicher Übermut, tiefes inneres Wissen, Hilflosigkeit, Verletzung, Verbundenheit, innere Distanz, Größe und vieles mehr existieren im Menschen nebeneinander. So beschreibt die Geschichte unterschiedliche seelische Kräfte des Selbst. Unabhängig davon, welches Geschlecht wir innehaben – oder ob wir uns überhaupt einem solchen zugehörig fühlen –, können wir die alte Frau, die Knochen, den Wolf, das Singen, die Lachende, die Gebirgswüste und den Wiederbelebungsprozess als Bilder unseres Seelenlebens deuten:

Die Wolfsfrau verkörpert unsere innere Weisheit und Selbstheilungskraft. Wir erahnen sie in unserem tiefsten Inneren, haben sie aber vielleicht noch nicht getroffen. Die alte Frau ist mit der Erde und Körperlichkeit tief verbunden und schert sich nicht um gesellschaftliche Konventionen. Ihre Geduld und Hingabe an das, was sie tut, sind beispiellos. Sie zweifelt keinen Moment am Gelingen ihrer Mission und fürchtet weder Tod noch Versehrung. Sie weiß, dass sie sich wiederbeleben und heilen kann.

Die Wolfsknochen sind Sinnbild für die verlorenen Anteile unseres Selbst. Sie repräsentieren die zahlreichen Verluste, Verletzungen und psychischen Einschränkungen, die wir über die Jahre erlitten haben. Als knöcherne verlorene Möglichkeiten liegen sie in alle Winde verstreut. Oft so viele an der Zahl, dass vom fröhlich lachenden Selbst nichts übrig bleibt. Die Knochen warten, bis die alte Frau sie restlos alle aufsammelt, um ihnen neues Leben einzuhauchen.

Der Wolf verkörpert als soziales Säugetier die Instinktnatur des Menschen. Während der Wolf ohne seine Instinkte zugrunde geht, verliert der Mensch ohne sie immerhin einen wesentlichen Teil seiner selbst. Er verliert die Fähigkeit, verbunden mit Emotionen und Körperempfindungen Entscheidungen zu treffen, die seine psychische und körperliche Unversehrtheit bewahren. Ohne Instinkt und Intuition sind wir von unseren psychischen Kräften abgetrennt – der Bezug zu uns selbst und anderen empfindsamen Wesen erlischt. Die Wiederbelebung des Wolfes bedeutet folglich die Wiederbelebung unserer Instinktnatur.

Das Singen der weisen Alten bewirkt einen magischen Prozess der Wiederbelebung. Ihr Gesang ist Symbol für leidenschaftliche Hingabe, für Resonanz und die ganzheitliche Verbindung mit allem, was ist. Mit ihrem Körper erzeugt die Singende Schwingung. Die Vibration durchdringt sie selbst, den Raum, die Erde und Knochen. Damit bringt sie Stagniertes, Festgefahrenes und Totes in Bewegung und entzündet den Funken, der den Wolf wiederbelebt.

Die lachende, sich schüttelnde Frau steht für unser gesundes Selbst. Dieses ist erst vollständig, wenn Instinkte und Intuition integriert sind. Werden Verletzungen und Verluste erkannt, Empfindungen, Emotionen und Gefühle wiederbelebt, kann das

Selbst heilen und seine unversehrte Kraft zeigen. Frei, sich selbst genügend und mit großer Energie verlässt dieses den Schauplatz des Heilungsprozesses und macht sich auf zu neuen Ufern.

Die Gebirgswüste ist karg, einsam, unberührt vom Menschen und doch voller Leben. Wir finden sie sowohl in unserem Inneren – beispielsweise in meditativer Versenkung – als auch in der wilden, intakten Natur. Die Wüste symbolisiert den Zustand des Alleinseins oder des All-Eins-Seins. Ohne äußere Stimulation ist sie der Raum des Nichttuns, der Kontemplation, der Leere und gleichzeitigen Fülle, aus der Neues entstehen kann.

Der Wiederbelebungsprozess schließlich durchläuft verschiedene Phasen – und braucht Zeit. Die Wolfsfrau sammelt die Knochen – vielleicht in jahrelanger Arbeit –, bis sie alle Teile des Skeletts am richtigen Platz wiedervereint hat. Solch seelische Bewusstseinsarbeit ist die Voraussetzung für Selbstheilung. Sie erfordert Geduld und Ausdauer, lohnt sich aber bereits mit jedem neuen Knochenfund. Das unversehrte Selbst gewinnt zunehmend an Konturen und jeder neue Knochen bedeutet zurückeroberte Fähigkeiten und Möglichkeiten. Ist das Skelett komplett – und das Bild des gesunden Selbst wiederhergestellt –, beginnt der sinnliche Prozess der Transformation. In der Geschichte wird dieser durch Singen angestoßen. Im realen Leben kann er durch jegliche hingebungsvolle Tätigkeit geschehen, die die gesunden Anteile nährt und verloren gegangenen Anteilen neues Leben einhaucht. Leidenschaftliche Hingabe lässt neue Gewohnheiten, ein neues Körper- und Selbstbild entstehen. Das gesunde Selbst wird erfahrbar. Der magische Moment, in dem es einen Quantensprung durchläuft und erwacht, ist ein Geschenk des Lebens.

KURZGEFASST Selbstheilung und psychische Genesung sind reale menschliche Möglichkeiten. Genesungswege entstehen, indem sie gegangen werden. Die Fähigkeit zur Selbstwirksamkeit wächst – wie andere Fähigkeiten auch –, wenn sie angewandt und kultiviert wird. Durch Neuroplastizität manifestiert sich gesundheitsförderndes Handeln zunehmend im Gehirn, Nervensystem, Verhalten und Selbstbild. Unsere Persönlichkeit hat neben den erkrankten Aspekten auch weise und heilkräftige. Sie zu nähren und aufzubauen ermöglicht, mit Herausforderungen konstruktiv umgehen zu lernen.

»Ich habe viel Zeit damit zugebracht, gegen die Realität und meine psychische Erkrankung anzukämpfen. Doch je verbissener ich den Kampf führte, umso tiefer ritt ich mich hinein. Es dauerte sehr lange, bis ich begriff, dass auch der Status quo ein (erstes) Ziel sein kann, dass sich die Spirale weder aufwärts- noch abwärtsdrehen muss. Ich wusste um mein destruktives Verhalten, die belastenden Emotionen – und versuchte, sie anzunehmen. Zu keiner Zeit hatte ich vor, sie zu umarmen, aber ich probierte, sie zu akzeptieren, ohne sie lieben zu müssen. Sie waren da, ich war da. Damit machte ich mich unbewusst auf den Weg der Heilung meiner selbst.«

Eine Vision des gesunden Selbst

Es ist von zentraler Bedeutung, das Selbst und die Belastung als zwei – zwar verknüpfte, aber doch unterschiedliche – Dinge zu erkennen. Wir sind nicht die Belastung, wir erleben sie. Diese Erkenntnis öffnet dafür, die Perspektive der inneren Weisheit einzunehmen. Auch wird es so möglich, eine Vision unseres gesunden Selbst zu entwickeln. Wir brauchen ein Ziel zur Orientierung, das uns wie ein Magnet zu sich hinzieht, um die anstrengende Arbeit der seelischen Transformation auf uns nehmen zu können. Am besten finden wir dies, indem wir Körper und Geist entspannen. Entspannung öffnet für Inspiration, Lernfähigkeit und die natürlichen Kräfte der Regeneration. In der Ruhe, im Hier und Jetzt, beginnen wir zu ahnen, wer wir neben der Erkrankung und Belastung sind und zunehmend sein können.

> *»Ich habe mein gesundes Selbst in Gegenüberstellung zu den depressiven und manischen Symptomen definiert. Meine gesunden Anteile sind z. B. lebensfroh, humorvoll, authentisch, kreativ, zuversichtlich, selbstwirksam, verbunden, gesunder Selbstwert, empathisch, gelassen, tiefer Atem, gesunder Schlaf. Diese Aufzählung ist für mich ein wichtiger Anker, an dem ich mich orientieren kann. Er gibt mir Sicherheit.«*

Wir laden Sie nun zu einer kleinen inneren Bilderreise ein. Sind Meditationen Neuland für Sie, so gehen Sie möglichst ohne Erwartungen ans Werk. Vielleicht erleben Sie sie als bereichernd, vielleicht nicht. Die Sinneskanäle sind bei jedem Menschen unterschiedlich stark ausgeprägt. Es kann also sein, dass Sie weniger innere Bilder, sondern Körperempfindungen oder Worte und Klänge wahrnehmen – oder eine Mischung aus alledem. Wir duzen Sie in den Praxisanwendungen, da die Inhalte das Selbst so besser erreichen. Was es mit Körperwahrnehmung, Entspannung, inneren Bildern und Meditation genau auf sich hat, erläutern wir in späteren Kapiteln.

VISION DES GESUNDEN SELBST

Setze dich bequem hin. Lasse deinen Kopf auf der Wirbelsäule ruhen und deinen Kiefer entspannt fallen. Spüre deinen Atem, wie und wo er deinen Körper in Bewegung bringt.
Drücke die Zunge nach unten, öffne deinen Mund und gähne. Schaue dabei hinter geschlossenen Lidern nach oben.
Nimm deinen Körper wahr. Wie sitzt du da? Wie spürst du deine Gestalt? Was ist präsent?
Nimm deine Füße und Beine wahr. Nimm dein Becken, deinen Rücken, Bauch und Rumpf wahr. Spüre deinen Schultergürtel und wie du deine Arme und Hände hingelegt hast. Nimm wahr, wie du deinen Kopf trägst. Lasse deinen Atem fließen und verbinde dich mit allem, was ist – oder stelle es dir vor.
Stelle dir nun vor, du bist gesund. Stelle dir vor, du bist einen erfolgreichen Genesungs- oder Entwicklungsweg gegangen und freust dich deines Lebens.
Wer bist du dann? Welches ist das schönste Bild, das du von dir selbst hast? Bleibe in Gedanken bei diesem schönen Bild, bis du es deutlich sehen oder spüren kannst.
Stelle dir vor, dieses schöne Bild deiner selbst zieht dich zu sich hin, wie ein Magnet. Und du gehst Schritt für Schritt deinen Genesungsweg. Stelle dir vor, Lebenskraft fließt dir stetig zu. Was erlebst du?
Nimm die Bilder und Empfindungen mit in die Gegenwart und bedanke dich.

Halten Sie in Ihrem Notizbuch fest, was Sie in der Meditation erlebt haben. Geben Sie Ihrem gesunden, fröhlichen Selbst Gestalt. Tun Sie dies auf Ihre Weise, beispielsweise indem Sie dessen positive Eigenschaften aufschreiben, es malen, zeichnen oder mit Naturmaterialien gestalten und fotografieren.

→ Die liegend durchgeführte Meditation finden Sie als Audiodatei im Download Mentalbereich.

»Habe ich überhaupt Selbstheilungskräfte? Ja, diese Frage stelle ich mir. Mein Krankheitsverlauf ist verworren und dauert an, seit ich das Licht der Welt erblickt habe. Verzweiflung und Hoffnungslosigkeit weiß ich rasch einzuordnen: Die gehören zu mir, tief verankert, sind Teil meines Selbst. Aber Selbstheilungskräfte? Neulich auf einem Spaziergang blieb eine Freundin abrupt stehen, drehte sich zu mir und sagte: ›Du hast sehr wohl welche! Schau dich an, noch vor einem Jahr wolltest du endgültig gehen. Und heute hast du einen Hund, eine eigene Wohnung, neue Bekannte und ein Leben. Das ist nicht nur der Erfolg der Ärzte!‹ Objektiv betrachtet muss ich ihr recht geben. Reisen ins Innere, die Zazen-Meditation, unzählige Gespräche mit meiner Psychologin, die Auseinandersetzung, Konfrontation und das Aushalten schwierigster Gefühle – all das hat mich innerlich stärker werden lassen. Ob das Selbstheilungskraft ist, weiß ich noch nicht. Aber, so wird mir allmählich klar, etwas ist da!«

Woher wir kommen und wo wir stehen

Wenn Selbstwirksamkeit bei psychischen Erkrankungen möglich ist, warum ist sie keine gesellschaftlich gelebte Selbstverständlichkeit? Indigene Völker kennen die Naturkraft der Selbstheilung und die Wissenschaften belegen unsere Wandlungsfähigkeit als reale Möglichkeit (Renz-Polster, Hüther 2022; Bauer 2013). Es ist naheliegend und erwiesen, dass Erschütterungserfahrungen wie Verluste, Krieg, soziale Gewalt oder Ressourcenknappheit psychische Belastungen erzeugen, die sich langfristig negativ auf Gesundheit und Wohlbefinden auswirken. Werden die Stressoren nicht verarbeitet, können sie über Generationen weitergegeben werden und auch bei Folgegenerationen Schaden anrichten. Bereits Ereignisse, die als wenig gravierend eingeschätzt werden – wie Ausgrenzung, Vertrauensbrüche oder Unfälle –, können dauerhafte psychische Versehrungen erzeugen. Mangelnde Selbstwirksamkeit bei psychischen Herausforderungen ist für Individuen und für die Gesellschaft verheerend. Angesichts all dessen, warum wird psychische Selbstfürsorge nicht bereits in der Schule als wichtiges Allgemeinwissen vermittelt?

Stellen wir uns vor, Menschen könnten ihre belastenden Emotionen und Gefühle, ihre Verletzungen, Erschütterungserfahrungen und empfundenen Mängel integrieren und auflösen. Stellen wir uns weiter vor, sie vermittelten diese Fähigkeit zur Selbstheilung und -fürsorge ihren Kindern und lebten sie in ihren Beziehungen. Nicht nur psychische Erkrankungen, sondern auch Aggressionen würden abnehmen, wie wir später zeigen werden. Es würde eine Gesellschaft geprägt von Entspannung, Wertschätzung, Freude und Freundlichkeit entstehen. Doch obwohl die Grundbedürfnisse vieler gesichert sind und wir über genügend politische Stabilität und materielle Ressourcen verfügen, haben wir als Gesellschaft bislang nur wenig in die Bildung von psychischer Selbstwirksamkeit investiert. Warum? Lassen Sie uns hierzu nochmals eine Geschichte erzählen.

Wir sind gemeinsam mit Tieren und Pflanzen aus derselben biologischen Materie hervorgegangen, lange unterschied sich unsere Spezies nur in wenigen Merkmalen von den restlichen Säugetieren. Wie diese nutzten auch unsere frühen Vorfahren ihre Instinkte, körperlichen und sozialen Fähigkeiten, um in ihrem jeweiligen Ökosystem zu gedeihen. Dabei haben sie sich, so die Annahme, als Teil ihrer Umwelt empfunden und standen durch Sinneswahrnehmung und Imagination in Kontakt mit dieser – bis zum Zeitpunkt der kognitiven Revolution.

Vor etwa 70.000 Jahren begannen die Menschen, abstrakt zu denken und zu sprechen. Sie organisierten sich in stetig wachsenden Gesellschaften und schufen dafür Bilder der Welt, wie jene von Religionen, Göttern und gottgewollten sozialen Hierarchien. Mit der Erfindung und Verbreitung der Schrift entwickelten sie ein kollektives Bewusstsein für »Vorher« und »Nachher« und verließen damit den Zustand des Seins im Moment. Der Mensch wurde sich seiner Geschichte, seiner Macht und Möglichkeiten bewusst, gleichzeitig gab er seine Verbundenheit mit der Natur auf. Diese Entwicklung ging einher mit der Unterdrückung der Frauen und der Kolonialisierung von Völkern.

→ Yuval Noah Harari (2015) beschreibt als Geschichtskundiger unsere Menschheitsgeschichte. Die Biologin Florianne Koechlin (2023) bringt einem die Welt und Intelligenz der Pflanzen näher.

So kam dem logischen, rationalen, zielgerichteten Denken ungleich mehr Aufmerksamkeit zu als anderen, grundlegenderen menschlichen Fähigkeiten wie den Körperempfindungen und

Emotionen. In den Wissenschaften dominierten paternalistisches Denken und die Erforschung linearer, eindimensionaler Zusammenhänge. Körper und Psyche galt es zu untersuchen und zu reparieren, als wären Menschen biologische Automaten, losgelöst von ihrem Umfeld.

KURZGEFASST Über die längste Dauer der Menschheitsentwicklung lebten Menschen im Moment, verbunden mit der Natur. Instinkt, Intuition, Gegenwärtigkeit und das Wissen um Einbindung in ein lebendiges natürliches Netzwerk liegen in unserer Entwicklung begründet – und gingen vergessen. Vermögen wir unsere Erinnerung daran zu wecken, stärken wir unsere Selbstwirksamkeit.

Wo kommen Sie her? Wo kommen Ihre Eltern, Großeltern und früheren Ahnen her? Wie war deren Lebensrealität? Hatten sie genug zum Leben? Wie waren die politischen und gesellschaftlichen Umstände? Was wurde damals von einer Frau, einem Mann, einem Kind erwartet? Vielleicht mögen Sie darüber recherchieren, was sie prägte.

»›Der Körper ist zum Funktionieren da, Emotionen werden unterdrückt, denn sie sind unwichtig, gar hinderlich.‹ – Mit dieser Auffassung bin ich groß geworden. Ich habe gelernt, auf meine geistigen Fähigkeiten zu setzen, weil Körperlichkeit, Sinnlichkeit, Emotionen und Intuition tabu waren. Mein kindliches Umfeld, aber auch das der jungen Frau waren geprägt von Erfolgsdenken, Stellung in der Gesellschaft und materiellem Besitz. Ich hatte weder Zugang zu meinem Körper noch zu meiner Gefühlswelt. Als Kind zog ich mich zur Weihnachtszeit

regelmäßig in mein Zimmer zurück, um für mich allein zu feiern, mit Liedern und einer brennenden Kerze. Ich spürte, dass bei der Feier im Familienkreis ein wichtiger Teil fehlte, konnte aber nicht benennen, was es war.«

Die Entwicklung geht weiter

Heute wissen wir, dass wir uns selbst und unsere Entwicklung nicht isoliert von unserer Umgebung betrachten können. Menschen beeinflussen sich gegenseitig, wirken aufeinander ein und erleben sich durch Beziehung. Auch Körper, Gefühlswelt, Geist und Umwelt stehen in ständiger Wechselwirkung. Wir nehmen die Diskrepanz zwischen technologischen und kulturellen Höchstleistungen bei häufiger Hilflosigkeit gegenüber psychischen und psychosomatischen Belastungen wahr. Und wir ahnen, wie wichtig es ist, Selbstbewusstsein und Wohlbefinden unabhängig von Leistungszielen und Materiellem zu entwickeln. Vielleicht fühlen wir instinktiv, dass Intellekt und Zielstrebigkeit uns erst erfüllen, wenn wir auch fähig werden, fühlend und empfindend im Moment zu sein.

Nicht, dass früher alles besser war oder indigene Völker ausschließlich in Liebe und Verbundenheit lebten und leben – es gibt genügend andere Erfahrungsberichte. Dennoch zeigen die beschriebenen Phänomene, in welche Bereiche moderne Gesellschaften Energie investiert haben – und in welche nicht. Weder unsere jüngere noch ältere Geschichte ist eine, die der menschlichen Sensibilität gerecht wurde, die psychische Gesundheit als wertvolles Gut erkannt und kultiviert hat. Im Gegenteil: Die Psyche wurde lange vom Bewusstsein abgetrennt. Psychisch erkrankte Menschen wurden – und werden bis heute – stigmatisiert und marginalisiert, also abgewertet und an den Rand der Gesellschaft geschoben.

> *»Für mich mit meinem Beruf als Case Manager war es ein großes Problem, psychisch krank zu werden. Ich konnte das nicht akzeptieren und zögerte so meinen Gang zu professioneller Hilfe hinaus. Daraus entstand erst recht eine schwere Depression, aus der ich lange nicht mehr rauskam.«*

Doch Wandel ist im Gange. Heute streben viele Menschen in den unterschiedlichsten Bereichen danach, dem Wesen des Ganzen im Kleinen und Großen gerecht zu werden. Wechselwirkungen werden in zahlreichen Disziplinen erforscht. In der Psychiatrie, Bildung, Ökologie und Technologie, in Kultur und Kunst suchen unzählige nach ganzheitlichen Ansätzen. Wir beginnen, die gegenseitigen Abhängigkeiten zu erkennen und uns in vielerlei Hinsicht als Teil eines globalen Beziehungsgeflechts zu verstehen. Viele suchen nach innerer Beheimatung im Körper und nach Verankerung in der Umwelt, um das Leben sinnlich zu gestalten. Das Pflegen und Schützen der Diversität gewinnt im ökologischen und sozialen Bereich an Bedeutung. Auch wird öfter über psychische Leiden in der Öffentlichkeit gesprochen. Es wird für viele unverkennbar, dass sich Menschen aller Kulturen und Geschlechter ebenbürtig sind und von denselben Bedürfnissen geleitet werden.

→ Die Künstlerin Jenny Odell (2022) zeigt, wie es in der digitalisierten Welt möglich ist, sich mit sich selbst und der Umgebung zu verbinden. Rutger Bregman (2019) beschreibt aus gesellschaftspolitischer Retrospektive, dass Entwicklung immer von Visionen geleitet ist und wir durch Beharrlichkeit und Optimismus fähig sind, solche in die Tat umzusetzen. Der Film »Tomorrow. Die Welt ist voller Lösungen« von Cyril Dion und Mélanie Laurent aus dem Jahr 2015 veranschaulicht, wie Menschen in allen Teilen der Welt mit aktuellen Herausforderungen lösungsorientiert und konstruktiv umgehen.

KURZGEFASST Wir sind eingebunden in die soziale Gesellschaft und diese ist entstanden durch kollektive Entwicklung. Als Gemeinschaft haben wir Instinkt, Intuition und unsere Psyche wenig gepflegt. Werden wir im psychischen Bereich selbstwirksam und gehen bewusst unseren Genesungsweg, machen wir herausfordernde Pionierarbeit und entwickeln neue Fähigkeiten, die uns selbst und unseren Mitmenschen dienen.

Können Sie Parallelen zu Ihren persönlichen Erfahrungen ziehen? Nehmen Sie innerlich Distanz zu Ihren Belastungen und betrachten Sie das Umfeld, in dem sich diese entwickelt haben. Welche Werte dominieren? Wo sind Körperlichkeit, Sinne, Emotionen und Intuition integriert? Wo sind diese abgetrennt? Betrachten Sie im Geiste auch sich selbst und Ihr Verhalten. Welche Werte leben Sie? Suchen Sie möglichst urteilsfrei nach Mustern, die in Ihnen, in Ihrem Familiensystem und in Ihrer sozialen Umgebung wirken. Vielleicht mögen Sie Ihre Empfindungen und Erkenntnisse kreativ zu Papier bringen.

→ Weitere Übungen zu diesem Thema sind »Biografische Muster« und »Perspektivwechsel« im Download Mentalbereich.

Lebende Wesen sind fähig zu Selbstheilung und Regeneration. Am besten gedeihen diese Fähigkeiten innerhalb von Systemen, die sich gesamthaft auf positive Entwicklung ausrichten. Robin Wall Kimmerer (2023), Biologieprofessorin und Indigene der Potawatomi-Indianer, beschreibt, wie durch Industriesand versehrte Landstriche mit der ersten Ansiedlung von Moos zu neuem Leben erwachen. Sie stellt fest, dass Leben weiteres Leben nach sich zieht.

Dieses Naturprinzip lässt sich auf den Menschen übertragen. Positive Impulse im körperlichen, emotionalen, mentalen und sozialen Bereich erzeugen Motivationen und Bereitschaft zur Heilung. Schon kleine Impulse bringen, ähnlich einem Mobile (Abbildung 1), Bewegung in das System und ziehen weitere förderliche Entwicklung nach sich. Genesung geschieht, wenn sich alle Ebenen darauf ausrichten und zusammenwirken. Familien und Paarbeziehungen gesunden, wenn alle Beteiligten ihre individuellen Belastungen bearbeiten und das Verständnis für sich und andere wächst.

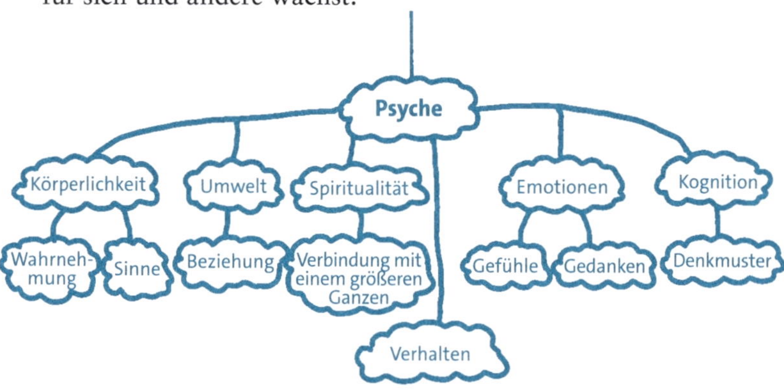

Abbildung 1: **Psyche – Modell eines Mobiles**

GUT ZU WISSEN

Vier Verbindungen stärken die Selbstheilung und Selbstwirksamkeit

Die Verbindung zu sich selbst – also zu Körper, Emotionen, Geist und Seele. Achtsamkeit und Selbstwahrnehmung helfen, mit allen Sinnen wahrnehmend im Moment zu sein, den Empfindungen und Erlebnissen eine Bedeutung zu geben und inneren Reichtum zu erfahren.

Die Verbindung zur Vision des gesunden Selbst. Sie formt unser Ziel, weist den Weg dahin und nährt unsere innere Motivation. Ist die Vision (noch) nicht greifbar, reichen kleine alltägliche Ziele.

Die Verbindung zu einer Gemeinschaft, einem Netzwerk, das uns auf dem Genesungsweg unterstützt. Dadurch erfahren wir uns in Wechselwirkung mit sozialen Beziehungen, fühlen uns getragen und zugehörig.

Die Verbindung zur selbst gestellten Aufgabe. Verbindlichkeit gegenüber uns selbst und innere Motivation helfen, den Genesungsweg schrittweise zu gehen und neue unterstützende Gewohnheiten anzulegen.

Zusätzlich können wir auf unserem Genesungsweg viele äußere Ressourcen nutzen. Kunst und Kultur erweitern unsere Wahrnehmung und ermöglichen kreativen Selbstausdruck. Biologie, Neurologie, Psychologie sowie Pflege- und Sozialwissenschaften bieten Ansätze zur Selbstheilung und Selbstwirksamkeit. Philosophie, Religion und Spiritualität inspirieren bei der Auseinandersetzung mit Lebensfragen.

Das Wesen des Ganzen – auch unser eigenes Wesen – ist vielgestaltig und komplex, durchwirkt von Zusammenhängen, Wechselwirkungen und Abhängigkeiten. Wir können daher kein Patentrezept zur Selbstheilung und Selbstwirksamkeit bieten. Jedoch können wir zahlreiche Ebenen beleuchten, auf denen Impulse in eine heilsame Richtung möglich sind. Deren Auswahl und Reihenfolge bestimmen letztlich Sie, mit all Ihren Sinnen, dem tiefen inneren Wissen darum, was Ihnen guttut, verbunden mit der Vision Ihres gesunden Selbst. Im nächsten Kapitel beginnen wir damit.

Ganzheitlich Ressourcen entdecken

»Die indigenen Wege des Wissens besagen, dass etwas nicht verstanden werden kann, bevor wir es nicht in allen Aspekten unseres Seins erkennen: Geist, Körper, Emotionen und Seele.« (Wall Kimmerer 2021, S. X Preface, eigene Übersetzung) Dieses ganzheitliche Prinzip lässt sich auf Genesungsprozesse übertragen. Um uns selbst, unsere Erkrankung oder Belastung zu verstehen und Wissen über Entwicklung zu erlangen, brauchen wir eine umfassende Wahrnehmung.

Der ebenfalls für ganzheitliches Denken bekannte Neurologe António R. Damasio (2009) stützt die indigene Weisheit aus wissenschaftlicher Perspektive. Er zeigt, dass menschliches (Er-)Leben auf unterschiedlichen Ebenen stattfindet: Körper, Emotionalbereich und Geist (Abbildung 2).

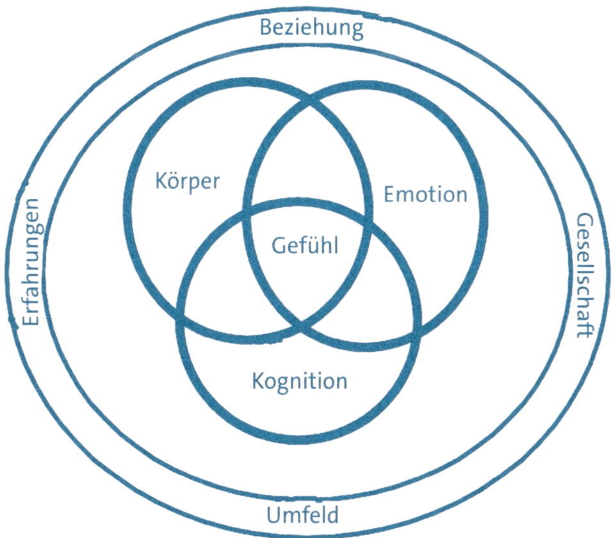

Abbildung 2: **Modell der Lebensregulation** (nach Damasio 2009)

GUT ZU WISSEN

Unser Leben geschieht auf vier Seins-Ebenen (Damasio 2009)

Die basale Lebensregulation ist die Ebene unseres Körpers. Sie umfasst den Stoffwechsel, die Organtätigkeit, Reflexe und die Genregulation (die Anpassung bestimmter Gene an die Umwelt) sowie biochemische Reaktionsmuster, die zu Lust, Schmerz, Trieb und Motivation führen. Diese körperliche Ebene funktioniert ohne bewusstes Zutun. Sie wird jedoch stark beeinflusst durch Emotionen, Gefühle, Gedanken, Verhalten, soziale Beziehungen und die Umwelt.

Emotionen sind als komplexe körperliche Reaktionsmuster evolutionär gewachsen und gründen auf »alten« Hirnstrukturen. Sie dienen der Überlebenssicherung (Kämpfen, Fliehen, Totstellen) und der Bedürfnisbefriedigung (z. B. Hunger, Bindung, Lust). Als natürliche Reaktionen auf innere und äußere Umstände helfen sie uns, grundlegend zwischen »Gut« und »Böse« zu unterscheiden und zu überleben.

Gefühle entstehen, wenn der Geist emotionales und körperliches Geschehen wahrnimmt und beurteilt. Daher sind Gefühle stark abhängig von sozialen Normen und Werten. Sie repräsentieren unser Körpergefühl, Selbst- und Weltbild. Während Emotionen kurzfristig, kulturunabhängig und situationsbedingt sind, manifestieren sich Gefühle als überdauernde Empfindungen, verbunden mit Vorstellungen innerhalb des sozialen Kontextes.

Die höheren Denkprozesse stellen flexible, bewusste und individuelle Reaktionspläne dar, die sich in Worten ausdrücken und als Verhalten umsetzen lassen. Die höheren Denkprozesse finden bewusst statt, während die anderen Ebenen meist im teil- und unterbewussten Bereich liegen, da uns das Training fehlt, sie wahrzunehmen.

Jüngere Erkenntnisse der Neuropsychologie zeigen, was indigene Völker seit Langem intuitiv wissen: Genesung und Entwicklung können nicht allein durch rationales Denken herbeigeführt werden. Wir brauchen dazu ebenso unsere körperliche Realität. Sie informiert uns frei von Normen und Werten über unterbewusste Inhalte, Stress und Wohlgefühl. Emotionen sind lebensnotwendig, um förderliche und hinderliche Einflüsse zu unterscheiden und unsere Unversehrtheit aufrechtzuerhalten. Gefühle benötigen wir, um die Qualität der Beziehungen zu uns selbst, zu unseren Mitmenschen, zu Tätigkeiten und der Welt zu erkennen. Übergeordnet ermöglicht unsere Seele, den eigenen Lebensweg in Verbundenheit mit dem Selbst und allem, was ist, zu gehen. Können wir all diese Ebenen der Lebensregulation in unsere Entwicklung mit einbeziehen, so wird Genesung erfahrbar.

KURZGEFASST Erst wenn wir uns als körperliche, emotionale, geistig bewusste und seelische Wesen wahrnehmen, können wir uns selbst erkennen. Jede dieser Ebenen birgt Kräfte, um Selbstheilung und Selbstwirksamkeit herbeizuführen.

In welchen Lebensbereichen fühlen Sie sich wohl und sicher? Gibt es solche, die Sie ablehnen? Werden Sie sich Ihrer Beziehung zu den einzelnen Bereichen – möglichst wertfrei – bewusst und halten Sie Ihre Erkenntnisse in Ihrem Notizbuch fest. Lassen Sie sich von unentdeckten inneren Schätzen überraschen!

»Emotionen und Gefühle würde ich bestimmt nicht als meine Ressourcen benennen. Die Körperlichkeit auch nicht. Es bleibt der Geist, der sehr scharf, aber auch sehr vernichtend

sein kann, wenn ich es zulasse. Selbst wenn ich es mir (noch nicht) vorstellen kann: Um zu gesunden, muss ich wohl die anderen Ebenen auch noch kennenlernen, mich mit ihnen anfreunden, ohne von ihnen überwältigt zu werden.«

Im folgenden Teil laden wir Sie ein, in allen Bereichen persönliche Ressourcen zu heben. Dies tun wir durch Grundlagenwissen, verbunden mit Selbstwahrnehmung, durch praktische Anleitungen und geteilte Erfahrungen.

Der Körper – ein intelligentes Wesen

Unser Geist bewohnt ein vielbegabtes Wesen. Dieses Wesen meistert ohne bewusstes Zutun unzählige Abläufe und steht pausenlos zu unseren Diensten. Es wandelt Sauerstoff und Nahrung zum Selbsterhalt um, sichert bei Gefahr blitzschnell unser Überleben, wehrt sich gegen negative Einflüsse und heilt sich meist aus eigenen Kräften. Es ist auf soziale Gemeinschaft, Kooperation und das Fortbestehen seiner Spezies ausgerichtet. Mittels sensibler Sinne nimmt es die Umgebung und innere Impulse wahr und reagiert darauf bis hin zu seiner kleinsten Zellstruktur. Es bietet uns die materielle Basis, damit wir Emotionen, Gefühle und Gedanken erleben und als Verhalten ausdrücken können. Vom ersten Herzschlag an ordnet dieses Wesen Erfahrungen sinnvoll in ihren Kontext ein, unterscheidet zwischen Sicherheit und Gefahr und manifestiert sein Erleben in materiellen Strukturen. Damit verfügt es über inkarniertes, verkörpertes Erfahrungswissen und bildet unser Unterbewusstsein. Durch Symptome wie Unwohlsein, Schmerzen oder Immunschwäche gibt es Auskunft über Stressoren und Belastungen. Wie Pflanzen und Tiere ist auch dieses Wesen fähig zu Selbstmodifikation, also zu Selbstanpassung, den jeweiligen Umweltbedingungen entsprechend.

Die Rede ist – Sie haben es erraten – von unserem Körper. Übergeordnet können wir körperliche Ressourcen in zwei Bereiche einordnen: passive Körperwahrnehmung und aktive Bewegung.

GUT ZU WISSEN

Der Körperbereich hält zwei Ressourcen und deren Kombination bereit

Sein – Körperwahrnehmung ermöglicht, unsere Resonanz auf das Leben wahrzunehmen. Menschen und Situationen treten in Beziehung mit unserem Inneren und unseren Erfahrungen, innere und äußere Impulse erzeugen Stress oder Wohlgefühl. An unseren Körperempfindungen erkennen wir, was uns gedeihen lässt. Nehmen wir nicht nur die extremen Unterschiede, sondern auch zarte Nuancen in unserem Empfinden wahr, werden alte Belastungen und hinderliche Verhaltensmuster deutlich, ebenso Lebensumstände, Menschen und Verhalten, die unsere Genesung fördern. Körperwahrnehmung bietet uns den inneren Kompass, unverfälscht von äußeren Normen und Werten.

Tun – Bewegung ist ebenfalls eine körperliche Ressource. Körperhaltung, Bewegung und Sport wirken direkt auf unsere Stimmung und Gefühlswelt. Sie schütten Glückshormone wie Endorphine und Serotonin aus, die die Stimmung aufhellen, und geben der Psyche positive Impulse. Es ist uns möglich, durch eine Vielzahl von Bewegungsformen förderlich auf unser Befinden Einfluss zu nehmen.

Zwischen den Polen von passiver Körperwahrnehmung und aktiver Bewegung gibt es einen goldenen Mittelweg: **achtsame Bewegung.** Bewusst wahrzunehmen, wie wir etwas tun, gibt Auskunft darüber, ob wir gut zu uns sind und unsere Grenzen einhalten. Achtsame Bewegung wirkt positiv auf die Psyche, beugt Verletzungen und Abnützung vor und erzeugt Wohlgefühl. Wir beleben die Sinne, erden und verankern uns im Körper und vermögen so, aufgewühlte Gefühle und Gedanken zu beruhigen.

Warum aber stellen wir den Körper als eigenständiges intelligentes Wesen dar? Er steht – auch wenn dies unser Geist oft vergessen hat – in direkter Verbindung mit unserem biologischen Erbe. Wie die Wolfsfrau ist der Körper mit der Erde verbunden – sein Wesen ist tief im evolutionären Geschehen verankert. Während wir geistig mit abstrakten Dingen beschäftigt sein mögen, funktioniert er meist ungerührt weiter. Durch unsere Körperlichkeit finden wir Zugang zu Instinkten und Intuition, beides Qualitäten, die unser menschliches Überleben bis hierhin sicherten. Durch Wahrnehmen unserer Körperresonanz erkennen wir die Ursachen, die uns aus dem Gleichgewicht bringen und brachten. Wir werden fähig, unsere verlorenen Anteile wiederzubeleben. Im Gegensatz zu unserem Geist, der von kollektiven Trends, Theorien, Normen und Werten durchdrungen ist, ist der Körper Speicher aller unterbewussten Inhalte. Er ist der unschlagbare Anzeiger dafür, was uns gesund, vital und glücklich macht. Verbinden wir unsere Vernunft mit unserer Körperlichkeit und werten unsere Empfindungen als genauso wichtig wie unsere Gedanken, weist uns der Körper den Weg im Genesungsprozess.

KURZGEFASST Unser Körper ist ein fähiges, intelligentes Wesen. Es wächst mit seinen Erfahrungen und manifestiert diese zeitlebens in seinen Strukturen. Körperwahrnehmung befähigt dazu, förderliche und hinderliche Einflüsse, Stressoren und Potenziale zu erkennen. Sport und Bewegung geben positive Impulse, die sich günstig bis hin zur Psyche auswirken. Die Verbindung von Bewegung und Achtsamkeit ist ein heilsamer Mittelweg.

Spüren Sie für einen Moment in sich hinein. Wie fühlen Sie sich körperlich? Sitzen oder liegen Sie bequem? Wo ist Ihnen wohl, wo weniger? Atmen Sie frei? Oder ist Ihr Atem eingeschränkt? Seien Sie so freundlich zu sich selbst und machen Sie es sich bequem. Fühlen Sie tiefer in Ihren Körper hinein, welche Empfindungen, inneren Bilder und Gedanken tauchen auf? Mit welchen Gefühlen und Gedanken bewohnen Sie derzeit Ihren Körper? Was erzählt Ihnen Ihre Körperlichkeit? Vielleicht mögen Sie einen Dank an das Wesen Ihres Körpers richten, für all die Arbeit, die es täglich leistet. Auch können Sie es fragen, was Sie tun können, um seine Arbeit zu erleichtern.

»Lange kreiste ich um diese schwierige Lebensentscheidung – das alte Leben liebevoll gehen zu lassen und neu anzufangen oder am Gewohnten festzuhalten. Meine Begleiterin bat mich, zwei Ornamente auf dem marokkanischen Teppich auszuwählen – das eine stand für ›Im Althergebrachten bleiben‹, das andere für ›Aufmachen ins Ungewisse‹. Sie leitete mich an, mich auf das jeweilige Ornament zu stellen und meinen Körper zu spüren (zur damaligen Zeit war ich wahrlich kein gespüriger Mensch). Ich stellte mich auf ›Im Althergebrachten bleiben‹ – und glich

einer Soldatin, stand stramm, Knie durchgedrückt, aushalten, was da komme, starr und steif. Dann wechselte ich zu ›Aufmachen ins Ungewisse‹ – und die Tränen flossen, ich wurde weich, die Brust eng, Angst stieg aus dem Bauchraum auf, alles kam ins Fließen. Mein Körper wusste längst, wohin die Reise gehen sollte – ich habe ihn nur noch nicht lesen können.«

Körperwahrnehmung braucht Übung. Nehmen Sie sich beispielsweise beim Einschlafen oder Aufwachen regelmäßig Zeit dafür. Planen Sie einen passenden Moment im Alltag ein, an dem Sie sich und Ihren Körper drei bis vier Minuten bewusst spüren. Körperwahrnehmung in Rückenlage ist entspannend, da so die Muskulatur losgelassen werden kann. Legen Sie zudem die Arme in V-Form über Ihrem Kopf zu Boden, zieht dies den Oberkörper lang, unterstützt Ihre Aufrichtung und entspannt Nacken und Schultern. Winkeln Sie abwechselnd ein Bein an und lassen es für eine Weile nach außen Richtung Boden sinken, bringt dies Ihr Becken unter Ihre Wirbelsäule. Der folgende Bodyscan kann gut in den Alltag eingebaut werden.

BODYSCAN SITZEND

Nimm wahr, wie du auf dem Stuhl sitzt. Ist es dir bequem? Mach es dir bequem.

Kannst du deinen Rücken anlehnen oder entspannt aufrecht sitzen?

Kannst du dein Gewicht dem Stuhl abgeben? Lasse dich tragen von deiner Unterlage.

Nimm deine Fußsohlen, deine Füße und Fußgelenke wahr.

Nimm deine Unterschenkel und Knie wahr.

Wie berühren deine Oberschenkel den Stuhl?

Nimm dein Becken wahr.
Wie ruht dein Gesäß auf der Stuhlfläche?
Nimm deinen unteren Rücken und deinen Bauch wahr.
Spüre deinen Brustkorb.
Vielleicht spürst du dein Zwerchfell, rundherum aufgespannt entlang der untersten Rippen.
Nimm deinen Schultergürtel, deine Arme und Hände wahr und wie du sie hingelegt hast.
Nimm deinen Nacken und Hals wahr und wie dein Kopf darauf ruht.
Nimm deinen Kiefer, deine Zunge, Lippen, Stirn und Augen wahr.
Spüre dein Gesicht und seinen Ausdruck.
Nimm deine ganze Gestalt wahr und wie dein Atem deinen Körper in Bewegung bringt.

→ Ein ausführlicher Bodyscan in Rückenlage ist im Download Körperbereich als Text und Audiodatei zu finden.*

Wie das Leben auf den Körper wirkt

Unser Gehirn formt sich vom ersten Herzschlag an als Abbild seiner Umgebung und entsprechend seiner Nutzung (Hüther 2015). Dieser stete Prozess wird auch Neuroplastizität genannt. Über die Sinneskanäle empfängt das Gehirn lebenslang Informationen, ordnet sie nach ihrer Wichtigkeit, gleicht sie mit ähnlichen Informationen ab und speichert sie im Körper-

---

* Der Zugangscode für die Anwendungen im Downloadbereich lautet: *Selbstheilung*.

gedächtnis. Um diese überwältigende Menge an Reizen zu verarbeiten, ordnen sich prägende Wahrnehmungen zu vereinfachenden Mustern, auch Schemata genannt. Basierend auf Erfahrungen bilden sie unsere Erwartungshaltung, unser Selbst- und Weltbild. Auf diese Weise orientiert sich das heranwachsende Gehirn in seiner Umgebung, wirkt auf das Nervensystem und die Körperfunktionen ein und erzeugt das situativ passende Verhalten.

Umwelteinflüsse und innere Impulse beeinflussen jedoch nicht nur das Gehirn, Nervensystem und Verhalten. Forschungsergebnisse belegen, dass sie die körperlichen Vorgänge bis hin zu den Genen prägen. So gehört nur ein Teil der Gene zum »Text« des Genoms, der Gesamtheit aller Gene, welcher konstante Faktoren wie Haar- und Augenfarbe oder Größe bestimmt. Zahlreiche Gene werden durch sogenannte Genregulation situationsbedingt an- oder abgeschaltet. Gerade Gene, die zuständig für die körperliche und psychische Gesundheit sind, die Kreislauf, Blutzucker, Stressreaktionen, Hormone und Gehirnfunktionen steuern, unterliegen der ständigen Regulation (Bauer 2013). Innere und äußere Umstände wirken folglich auf unseren Körper bis hin zu seinen kleinsten Bausteinen, den Genen.

GUT ZU WISSEN

Innere und äußere Einflüsse wirken auf unsere Gesundheit ein (Bauer 2013)

Die genetische Veranlagung kann bei psychischen Erkrankungen eine Rolle spielen. Dennoch sind Umwelteinflüsse, Beziehungen, Emotionen, Gedanken und der Umgang mit Stress maßgebliche Faktoren, wie sich genetische Dispositionen – unsere biologischen Voraussetzungen – entwickeln. Auch wissen wir heute, dass die besten genetischen Veranlagungen nicht ausreichen, um Gesundheit, Lernfähigkeit, Sozialkompetenz und Wohlbefinden zu erzeugen. Menschen brauchen liebevolle Beziehungen und ein ansprechendes Umfeld, um sich zu entfalten.

Jüngste Erkenntnisse belegen gar, dass unsere Vorfahren ihr Erleben durch das Erbgut an uns weitergeben. So wirken beispielsweise Hunger oder Stress nicht nur auf den eigenen Körper und durch Verhalten auf die direkten Nachkommen, sie verändern das Erbgut und beeinflussen die Gesundheit späterer Generationen (Gapp, Bohacek 2018).

Unser Körper spielt damit in vielerlei Hinsicht kein automatisches Programm autonom von seiner Umwelt ab, sondern steht in ständiger Kommunikation mit inneren und äußeren Bedingungen. Als Speicher der eigenen und familiären Biografie passt er sich auf fundamentalster biologischer Ebene den Gegebenheiten an. So entwickeln sich Gesundheit und Krankheit.

KURZGEFASST Unsere Biografie schreibt sich lebenslang als Repräsentationen, als angenehme, belastende oder neutrale Erinnerungen im Körpergedächtnis ein. Der Körper steht bis hin zu seiner kleinsten Struktur, den Genen, in Kommunikation mit inneren und äußeren Einflüssen und passt sich den Umständen entsprechend an. Soziale Beziehungen, Gewohnheiten sowie der Umgang mit Emotionen und Gefühlen spielen eine entscheidende Rolle, wie sich die körperliche und psychische Gesundheit entwickeln. Durch bewusstes Verhalten haben wir folglich direkten Einfluss auf unser Befinden und können unsere Entwicklung beeinflussen.

Nehmen Sie Ihren Körper wahr. Wann fühlen Sie sich gut? Wann fühlen Sie sich weniger gut oder schlecht? Was lässt Sie gedeihen, was lässt Sie erkranken? Was gibt und was nimmt Ihnen Kraft? Sind es stets ähnliche oder dieselben Themen, die stark auf Ihr körperliches Befinden wirken? Beobachten Sie wiederkehrende thematische Muster und halten Sie Ihre Erkenntnisse gestaltend fest.

→ Wenden Sie dazu die Übung »Der erste Impuls« im Download Körperbereich an.

»Ich war früher wahrlich keine Kennerin meines Körpergefühls und meiner Emotionen. Seitdem ich aber immer wieder Achtsamkeits- und Körperübungen mache, um mich zu erden, fühle ich mich viel weniger verletzlich und abwehrstärker. Je mehr ich bei mir selbst bin, desto weniger kann mir die Außenwelt anhaben.«

Körperliche Wandlungsfähigkeit

Die stete biologische Kommunikation mit inneren und äußeren Vorgängen und die unmittelbare Selbstmodifikation zeigen, dass unser Körper keinem starr vorgegebenen Programm im Ausführen seiner Lebensfunktionen folgt. Wir sind psychischen und psychosomatischen Belastungen weder aus genetischer noch aus neuronaler (nervlicher) Sicht hilflos ausgeliefert. Vielmehr ist bedeutsam, welche Verhaltensweisen wir kultivieren und zu automatisierten Gewohnheiten werden lassen (Neuroplastizität, siehe Seite 41).

Betrachten wir die Wandlungsfähigkeit unserer Gene und des Gehirns – einschließlich seiner Kontrolle über das Nervensystem, den Bewegungsapparat und alle Lebensfunktionen –, wird unsere biologische Fähigkeit zur Selbstheilung deutlich. Wir können uns folglich fragen, wie wir aus eigener Kraft Wandel einleiten und unterstützen können, um beispielsweise belastende Bewältigungsstrategien durch nutzbringende zu ersetzen. Physisch kann Wandel dann geschehen, wenn wir uns in Sicherheit fühlen und körperlich präsent sind (Rosenberg 2018). Nehmen wir unsere Körperresonanz bewusst wahr, können wir förderliche Einflüsse aufsuchen und belastende meiden lernen. Ergänzend dazu brauchen wir Bewegung, körperliche Reorganisation – beispielsweise entspannte Aufrichtung – und regelmäßigen Stressabbau, damit Genesung bis hin zur Zellstruktur real wird. Auch durch positive, bewusst erlebte Sinnesreize können wir unsere Veränderungsbereitschaft auf biologischer Ebene steigern.

GUT ZU WISSEN

Wir können unser Wohlbefinden beeinflussen

Belastende Erfahrungen manifestieren sich körperlich, automatisierte schädigende Verhaltensweisen geschehen von selbst. Wir können jedoch Hoffnung auf Genesung schöpfen, da durch bewusste Wahrnehmung und Neuroplastizität Veränderung möglich ist. Körperwahrnehmung verlangsamt und hilft, ähnlich einer Abzweigung, den Weg der konstruktiven Bedürfnisbefriedigung und Problembewältigung zu wählen – so lange, bis sich dieser als neue Gewohnheit manifestiert. Auch förderliche Verhaltensweisen prägen die körperliche Struktur und erzeugen von Grund auf eine andere Realität.

→ Der Psychiater und Neurologe Joachim Bauer beschreibt in »Das Gedächtnis des Körpers« (2013) die Wechselwirkung von inneren und äußeren Impulsen und dem körperlich-psychischen Befinden.

KURZGEFASST Biografien manifestieren sich körperlich – dies ist bei psychischen Erkrankungen zweifelsfrei belastend. Aus der Tiefe des Körpers kommen unverarbeitete Themen an die Oberfläche und überfluten das Selbst. Gleichzeitig eröffnet das Körpergedächtnis die Möglichkeit, biografische Stressoren einzuordnen und abzubauen. Die Plastizität unserer körperlichen Strukturen erlaubt den schrittweisen Wandel von Empfinden, Fühlen, Denken und Verhalten, bis eine neue körperliche Realität fühlbar wird.

Wie stehen Sie zu Ihrer Körperlichkeit? Welche Lebensgeschichte ist in ihr eingeschrieben? Vielleicht haben Sie Ihren Körper lange Zeit nur am Rande wahrgenommen oder haben ihn bis an seine Grenzen gefordert? Vielleicht haben Sie ihn in irgendeiner Weise als mangelhaft oder unpassend erlebt? Halten Sie Ihre Erkenntnisse in Ihrem Notizbuch fest.

→ Wir laden Sie dazu ein, die Übung »Der Körper als Wegbegleiter« und Atemarbeit durchzuführen (Download Körperbereich).

»Wenn ich etwas über meinen Körper sagen kann, dann dies: Auf ihn ist Verlass! Er hat über alle Tiefen hinweg funktioniert, auch mit viel zu wenigen Kilos noch, jedoch auf eine besondere Art – um mich vor dem Frieren zu schützen, sind

auf meinem Oberkörper überall Haare gewachsen, am Bauch, am Rücken. Dieses ›Fell‹ sollte mich vor Kälte bewahren. Als ich wieder normalgewichtig war, waren auch die Haare weg.«

»Ich betrachte meinen Körper als Feind, aber nicht, weil mir das andere Personen vermitteln. Im Gegenteil, sie sagen mir andauernd, dass man immer liebenswert sei, auch wenn man nicht der Norm entspricht, und dass es völlig egal sei, was die Norm ist, es zählen ganz andere menschliche Aspekte. Aber es fällt mir schwer, diese Worte zu akzeptieren und in mein Herz zu lassen. Ich habe keine Ahnung, wie man lernt, den eigenen Körper zu akzeptieren.«

Die Sinne

Das Leben wirkt durch fünf beziehungsweise sechs Sinneskanäle auf uns ein. Durch sie stehen wir in unablässiger Beziehung mit unserem Umfeld und uns selbst. Da unser Gehirn nur einen sehr kleinen Teil dieser zahllosen einströmenden Eindrücke verarbeiten kann, dienen unsere Sinneskanäle nicht nur der Wahrnehmung, sondern auch als Filter. Nur die wichtigen Reize, wie beispielsweise das Kratzen der Etikette des Pullovers, die üppig blühenden Obstbäume, der Lärm des Nachbarn beim Einschlafen oder unser Ausrutschen und reflexartiges Auffangen, gelangen in unser Bewusstsein. Selten nehmen wir im Alltag wahr, dass der Kühlschrank leise vibriert, ein Vogel in Vorfreude auf den Frühling zwitschert, die Luft etwas abgestanden riecht, wie wir gerade sitzen und atmen. Solche, für den Lebenserhalt nebensächliche Informationen unablässig festzustellen, würde zu einer Reizüberflutung unseres Nervensystems führen.

Und dennoch könnten viele dieser Sinnesreize unser Leben bereichern. Riechen wir die abgestandene Luft, öffnen wir das Fenster und gönnen uns erfrischenden Sauerstoff. Hören wir dem jubilierenden Vogel zu, können wir seine Frühlingsgefühle teilen. Nehmen wir wahr, wie wir sitzen, können wir es uns bequem machen.

GUT ZU WISSEN

Die Welt erschließt sich uns über sechs Sinne

Wir nehmen die Welt visuell durch unsere Augen, auditiv durch unsere Ohren, sensorisch durch Tasten, Empfinden und Fühlen, olfaktorisch mit der Nase und gustatorisch durch den Mund wahr. Der Gleichgewichtssinn informiert uns über unsere Bewegung und körperliche Ausrichtung in Bezug zur Schwerkraft.

Werden Sinneskanäle in der Wahrnehmung verknüpft, verbinden wir z. B. spontan Farben und Gefühle oder Worte und Körperempfindungen, nennt sich dies Synästhesie.

Unsere Sinne sind stark daran beteiligt, wie sich soziale Kontakte entwickeln. Durch unsere Augen nehmen wir die Präsenz, nonverbale Kommunikation und Mikroausdrücke unserer Mitmenschen wahr. Durch die Ohren erfahren wir, ob eine Stimme entspannt und klangvoll ist oder ob sie gedrückt und angespannt klingt. Durch unsere Nase machen wir – unterbewusst meist – Pheromone, also Botenstoffe zur Informationsvermittlung, aus und riechen, ob Mitmenschen Stress, Entspannung oder Lust (im Tierreich Paarungsbereitschaft) verströmen. Durch den Tastsinn – beispielsweise bei einem Händedruck – erfahren wir die Beschaffenheit der Haut, die

Kraft, Zugewandtheit und den Zustand des Nervensystems unseres Gegenübers.

Obwohl im Leben stets alle Sinne beteiligt sind, bevorzugen die meisten von uns aufgrund von Veranlagung, Ausbildung und Gewohnheit bestimmte Sinneskanäle. Die einen Menschen reagieren stark auf visuelle und auditive Reize und lernen einfach über Bilder und Modelle, über Zuhören und Lesen. Andere bevorzugen die sensorischen Bahnen des Körpergefühls. Dies erklärt auch, warum die einen bei Meditationen verstärkt Körperempfindungen wahrnehmen, die anderen aber vorwiegend Bilder sehen oder Worte hören.

Unsere bevorzugten Sinneskanäle zu kennen, zeigt uns, wie wir am einfachsten aufnehmen und lernen. Gleichzeitig erfahren wir, welche Informationen wir tendenziell übersehen oder ausblenden. Erweitern wir unsere Wahrnehmung und schulen unsere weniger entwickelten Sinne, eröffnen sich uns neue Erfahrungen und Möglichkeiten. Wir verbessern die Beziehung zu anderen und unserer Umgebung, da wir bewusster und differenzierter beobachten.

DAS HAUS DER SINNE

(angelehnt an Dannemeyer, Dannemeyer 2016, S. 111)

In welches der drei Häuser möchtest du spontan einziehen?

Das erste Haus steht an einem ruhigen Waldrand. Ein Bach murmelt in seiner Nähe. Libellen surren und kleine Waldtiere rascheln im Dickicht. Fast zu jeder Tageszeit kannst du hinausgehen und die Vögel singen hören. Es ist ein märchenhaftes Haus, und manchmal, wenn es besonders ruhig ist, kannst du hören, dass es bebt und sich bewegt. Gehst du in der Dämmerung im Garten spazieren, kannst du dem Wind lauschen, der durch die Blätter der alten Rotbuche streicht, begleitet vom Abendlied der Vögel und dem Klang des Windspiels auf der Veranda.

Das zweite Haus ist ausgesprochen malerisch. Du bist begeistert, sobald du es siehst. Es hat ein Vordach mit Veranda, nebenan eine Blumenwiese, altehrwürdige Bäume und eine hübsche Schaukel, die zum Verweilen einlädt. Überall sind Fenster, sodass den ganzen Tag über helles Licht in das Haus strömt. Trittst du ein, erblickst du die herrlich geschwungene Treppe, die elegant geschnitzten Eichentüren, die Farben und Formen im Lichtspiel. Es gibt so viel zu sehen, du könntest den ganzen Tag damit verbringen, jeden Winkel zu erforschen.

Das dritte Haus lässt sich nicht so leicht beschreiben. Du musst es selbst erleben; du musst es fühlen. Es ist solide gebaut und strahlt Ruhe und Geborgenheit aus. In den Räumen strömt eine besondere Wärme auf dich ein. Auf eine Weise, die kaum zu beschreiben ist, berührt dich seine Atmosphäre. Du hast sofort das Gefühl, hier zu Hause zu sein, und möchtest dich am liebsten in eine Ecke setzen und die Stimmung in dich aufnehmen, die tiefes Wohlbehagen in dir auslöst.

→ Weitere Übungen, wie Sie Ihre Sinneswahrnehmungen bewusst nutzen können, finden Sie im Download Körperbereich.

Wache, sensible Sinneskanäle können jedoch auch zu viel Information in unser Inneres einströmen lassen und Überforderung erzeugen. Gefällt uns nicht, was wir spüren, fordert dies eine Reaktion. Wenn wir unsere Sinne weniger schärfen, verlangen wir uns weniger Reaktionsfähigkeit ab. Gerade in einem belastenden Umfeld kann es geschehen, dass wir unsere Körper- und Selbstwahrnehmung unterbewusst abschwächen, um Gefühlen weniger ausgesetzt und der Situation gewachsen zu sein. Wir können uns auch vor Reizen abschirmen, indem wir regelmäßig Ruhe suchen und uns durch Körperwahrnehmung oder Atemarbeit erden. Ein Spaziergang oder ein Lied zu summen, können ebenfalls helfen.

KURZGEFASST Wir erfahren die Welt und uns selbst über unsere fünf beziehungsweise sechs Sinne. Die Sinneskanäle sind bei jedem Menschen unterschiedlich stark ausgebildet. Wenig entwickelte Sinneskanäle haben den Nachteil, dass wir die Umgebung, Mitmenschen und uns selbst undeutlich wahrnehmen und wichtige Informationen verloren gehen. Gleichzeitig kann eine abgeschwächte Wahrnehmung den Vorteil des Selbstschutzes beinhalten. Nehmen wir weniger wahr, müssen wir weniger verarbeiten. Eine Ausweitung unserer sinnlichen Wahrnehmungen bringt uns mit uns selbst und anderen verstärkt in Kontakt. Sie stellt uns aber auch vor die Herausforderung, unsere Wahrnehmungen gesundheitsfördernd zu verwerten.

»Ich bin ein auditiver Mensch, höre ausgeprägt gut und lerne sehr viel schneller, wenn ich etwas zu hören bekomme. Im olfaktorischen Bereich besteht bei mir noch Potenzial. Ich übe mich stetig darin, meinen Geruchssinn zu schärfen. Haben Sie zum Beispiel schon einmal eine Apfelmeditation gemacht? Einen Apfel ganzheitlich betrachtet, an ihm gerochen, ihn angefasst – und schließlich gegessen?«

Falls Sie die Apfelmeditation selbst durchführen möchten, betrachten Sie den Apfel, riechen Sie an ihm und erkunden Sie seine Oberfläche und sein Gewicht. Warten Sie, bis Ihnen das Wasser im Mund zusammenläuft. Entspannen Sie Kiefer, Mund und Stimme und beißen Sie herzhaft zu. Kauen Sie – Mniam Mniam Mniam, wie ein Kleinkind – genüsslich mit weichen Lippen und Zunge. Nehmen Sie den Summton im Kopf und Brustkorb wahr. Seien Sie kindlich verspielt.

Die Bedeutung von Stress

Durch unsere Sinne nehmen wir Impulse aus der Umwelt und unserem Körperinneren auf. Neurozeption, die unterbewusste Wahrnehmung der Umgebung, informiert uns unablässig darüber, ob wir uns in Sicherheit oder Gefahr wähnen (Porges 2021). Das Großhirn und limbische System, das neuronale Zentrum für emotionale Intelligenz, reagieren auf die eingehenden Sinnesreize. Einem Schneeballsystem ähnlich, schütten sie entsprechende Hormone aus und beeinflussen chemisch das gesamte Körperklima. Gleichzeitig wandeln Sinneszellen die Reize in elektrische Impulse um, die auf das autonome Nervensystem wirken.

Der evolutionäre Zweck von Stress liegt darin, den Körper durch sofortige Bereitstellung sämtlicher Ressourcen zur Überlebenssicherung zu befähigen, indem wir kämpfen, fliehen oder – wenn beides aussichtslos ist – uns totstellen. Unser Nervensystem kennt drei Reaktionsmuster auf Sinnesreize (Polyvagaltheorie, Porges 2017):

Sind wir sicher, fühlen uns wohl und entspannt, können wir uns schnell auf die Umgebung einstellen und mit anderen in Beziehung treten. Wir sind offen, sozial, lern-, regenerations- und entwicklungsfähig. Dabei wird der ventrale (nach vorne gerichtete) Strang des Vagusnervs aktiviert. Unsere Körperfunktionen werden ideal, also gesundheitsfördernd, ausgeführt. Diesen inneren Zustand nach Erregung schnell wiederzufinden und im Alltag zu kultivieren, kann durch Achtsamkeit, Entspannung und Stressabbau trainiert werden.

Beurteilt unser Körper Reize als Gefahr, übernimmt der aktivierende Sympathikus im Rückenmark die Steuerung und bereitet das Körpersystem blitzschnell zum Kämpfen oder Fliehen vor. Unser Herzschlag steigt und versorgt die Muskulatur mit sauerstoffgesättigtem Blut. Wir sind erregt, fühlen uns gestresst, es fällt uns schwer, abzuschalten und durchzuschlafen. Unseren Mitmenschen stehen wir entweder aggressiv oder defensiv gegenüber. Chronische sympathische Erregung führt zu psychischen und körperlichen Symptomen wie Angsterkrankungen, Gewalt gegen sich und andere oder zu Herzkreislaufproblemen. Diesen Erregungszustand können wir mit jeglicher körperlichen Aktivität, Ausdauersport und emotionalem Stressabbau beruhigen.

Steigert sich die empfundene Bedrohung, kommt es zu körperlicher Erstarrung bei maximaler innerer Erregung. Der dorsale, rückwärtsgerichtete Strang des Vagusnervs wird aktiv und der Körper schüttet selbstbetäubende Opiate aus, die eine Dissoziation oder Ohnmacht auslösen, um Schmerz und Bedrohung abzuschwächen. Erfahren wir zwischen solchen Zuständen keine Beruhigung und Regeneration, führen auch sie zu psychischen und körperlichen Erkrankungen wie Depression, Schmerz- oder Lungenerkrankungen. Um sie abzumildern, helfen Rückzug an einen sicheren Ort, liebevolle Zuwendung und die Techniken des Stressabbaus (siehe Downloadmaterial).

GUT ZU WISSEN

Stress dient seit Urzeiten dem Selbsterhalt (Steinle 2015)

Ohne Stress könnten Mensch und Tier nicht lebenserhaltend handeln. Stresserfahrungen im Säuglings- und frühen Kindesalter aktivieren und stabilisieren die körpereigenen Stresssysteme. Unser Körper gleicht Ereignisse mit ähnlichen ab und speichert sie. Auf diese Weise assoziieren wir aktuelle Erlebnisse mit auch nur entfernt ähnlichen alten Stressoren und erkennen Gefahr. So können jedoch auch Ereignisse, die objektiv betrachtet wenig psychische Sprengkraft bergen, das gesamte persönliche Stresspotenzial aktivieren und heftige Reaktionen auslösen.

Wiederholte unverarbeitete Erschütterungserfahrungen lösen in der Folge schnellere und heftigere Stressantworten aus (Neuroplastizität), unsere Stressresistenz nimmt ab. Werden wir fähig, alte Belastungen zu erkennen und zu desensibilisieren, so fallen unsere Reaktionen auf gegenwärtige Stressoren milder aus. Wir fühlen uns den Stressreaktionen weniger ausgeliefert und können sie lebenserhaltend nutzen.

Warum aber sprechen wir so funktional über ein psychosomatisches Phänomen, das einen derart belasten und im wahrsten Sinne des Wortes aus der Bahn werfen kann?

Psychische Krisen drücken sich stets auch durch die Erregung des Nervensystems aus. Wir erleichtern unseren Umgang damit, wenn wir die Vernunft beiziehen und uns auf Fachwissen stützen. Indem wir eine Stressüberflutung als körperbasiertes Ereignis erkennen und sie nicht mit unserer Identität gleichsetzen, werden wir reflexions- und regulationsfähig. Trainieren wir die Selbstregulation von Stress hin zu Entspannung, werden wir belastbarer, bleiben länger ruhig und können uns zwischen Stressereignissen besser regenerieren.

> *»Im Laufe der Jahre habe ich gelernt, anders mit meinen Stressoren umzugehen. Schleichen sich alte Belastungen in Bezug auf Körper und Gewicht wieder bei mir ein, schließe ich die Augen, atme bewusst ein und langsam aus und versetze mich in die Zeit zurück, als ich unter dem Thema gelitten habe. Ich nehme Kontakt zu meinem inneren Kind auf, spüre seine Belastung und streiche ihm in Gedanken mitfühlend über sein Haar. Das beruhigt mich und relativiert so manches.«*

Die folgenden zwei Übungen bauen Stress über körperliche Funktionen ab. Die Lippenbremse nutzt den Umstand, dass sich der Herzschlag beim Ausatmen verlangsamt und beim Einatmen beschleunigt (Porges 2021). Die bivagale Grundübung hilft, den ventralen Vagusnerv zu aktivieren und das Stresserleben zu unterbrechen (Rosenberg 2018). Die körperliche Aufrichtung wirkt dabei positiv auf die Hirnnerven, die Augenbewegung ist mit den neuronalen Netzwerken von Sicherheit und Bedrohung gekoppelt (Fogel 2019). Durch betonte Ausatmung, gezielte Augenbewegung und Aufrichtung können wir folglich unser Nervensystem beruhigen.

LIPPENBREMSE UND BIVAGALE GRUNDÜBUNG

Setze dich auf einen Stuhl. Stütze dich mit den Händen auf deine Oberschenkel, sodass dein Oberkörper getragen ist. Atme kurz durch die Nase ein und langsam durch den Mund aus. Lasse deine Lippen dabei halb geschlossen, sodass sie deine Ausatmung zusätzlich verlangsamen. Mache dies ein bis

zwei Minuten. Atme kurz ein und langsam wieder aus. Du kannst beim Einatmen bis zwei zählen, beim Ausatmen bis fünf. Spüre, wie du ruhig wirst.
Verschränke deine Finger und lege sie an deinen Hinterkopf, sodass du diesen in deinen Handflächen spürst. Halte deinen Oberkörper möglichst entspannt aufrecht und deine Ellenbogen bequem. Dein Kopf bleibt aufrecht und nach vorne ausgerichtet. Blicke nun mit deinen Augen sanft nach rechts. Atme ruhig und langsam. Vielleicht möchtest du erneut deine Ausatmung verlängern. Bleibe in dieser Position, bis du spontan durchatmen kannst, Speichelfluss oder Entspannung spürst. Richte deine Augen dann nach links. Löse die Position auf, wenn du genug hast, und fühle nach, was die Übungen bewirkt haben.

→ Weitere bivagale Übungen, Twistbewegungen, entspannende und schmerzlindernde Anleitungen finden Sie im Download Körperbereich.

KURZGEFASST Psychischer Stress erzeugt eine körperliche Stressantwort. Hormonelle Ausschüttungen und elektrische Impulse verändern unser gesamtes Körperklima. Stresssituationen werden im Körpergedächtnis abgelegt und mit aktuellen ähnlichen Erlebnissen abgeglichen, um das Überleben zu sichern. Auf diese Weise reagieren Menschen (und Säugetiere) seit Urzeiten auf Gefahr. Auf körperlicher Ebene können wir aktivierten Stresssystemen mit Selbstregulation durch betonte Ausatmung, bivagale Übungen und Sport begegnen.

Wie aktiviert sind Ihre Stresssysteme im Allgemeinen? Nehmen Sie sich gelegentlich auch als entspannt, sozial und lernfähig wahr? Oder fühlen Sie sich dauerhaft gestresst, alarmiert oder gar blockiert? Mildern Sie Stressreaktionen, indem Sie im Notfall ein sicheres Umfeld – wie Tiere ihren Bau – aufsuchen. Trainieren Sie Selbstregulation durch körperlichen und emotionalen Stressabbau (Seite 85). Schenken Sie sich dabei geduldige, liebevolle Zuwendung.

→ Der Muskelselbsttest zeigt unsere Körperresonanz auf Stressoren anhand der Muskelstärke. Er dient dazu, Stressursachen zu erkennen und die effektivste Anwendung zu wählen, und ist zur Selbstanwendung erlernbar (Download Körperbereich).

Wie der Körper auf die Psyche wirkt

Unser Körper manifestiert Emotionen, Gefühle, Gedanken und Beziehungserfahrungen in seinem Gedächtnis und orientiert sein Funktionieren danach. Gleichzeitig ist unsere körperliche Struktur nicht nur Empfängerin von Impulsen. Sie wirkt durch ihr Sein und die Art, wie wir sie bewohnen und nutzen, bis hin zu unserer psychischen Verfassung.

Wissenschaftliche Studien haben gezeigt, dass unsere Körperhaltung direkt unsere Geisteshaltung zu beeinflussen vermag (Storch 2016). Studierende, die aufgrund einer Täuschung eine Nickbewegung durchführten, befürworteten im Anschluss eine markante Erhöhung der Studiengebühr und rechtfertigten diese Erhöhung rational. Andere Studierende, die in gebückter Haltung verharren mussten, konnten messbar weniger Selbstbewusstsein über einen Erfolg fühlen als jene, die sich aufrecht hielten.

→ »Embodiment« von Maja Storch, Kolleginnen und Kollegen (2022) zeigt praxisnah und wissenschaftlich, wie unser Körper die Basis allen Seins ist.

Solche Erkenntnisse belegen, was alte Kulturen intuitiv erkannten, als sie Bewegungsmethoden wie Tai-Chi oder Yoga entwickelten: Es spielt eine Rolle für unsere psychische Verfassung, ob wir uns überspannt, entlang der Wirbelsäule aufgerichtet oder vornüber eingefallen halten. Auch ist es bedeutsam, ob unsere Mundwinkel nach unten hängen oder leicht nach oben zeigen. Ein Bleistift, quer in den Mund geklemmt, simuliert ein Lächeln und schüttet Serotonin aus, obwohl dies wenig mit Glück zu tun hat. Der Körperimpuls erzeugt ein Feedback an unser Gehirn, das sich sodann auf Glück einstellt. So haben findige Menschen schon vor langer Zeit die Meditationsform des inneren Lächelns zur Selbstheilung entwickelt. Durch körperlich funktionales Verhalten können wir demnach auf unser Befinden einwirken.

SUPERKURZE ENTSPANNUNGSÜBUNG

Gähne und strecke dich. Schaue nach oben und öffne die Arme in V-Form. Ziehe abwechselnd einen Arm und dessen Seite lang. Schaue nach unten und lasse deinen Nacken lang werden, deine Arme hängen. Bewege deinen Kopf im Halbkreis von einer Schulter zur anderen.

KURZGEFASST Bereits kleine körperliche Veränderungen wirken auf unsere Psyche. Es wirkt unterschiedlich auf unser körperliches und psychisches Befinden, ob wir uns flexibel und entspannt in Bezug zur Schwerkraft aufrichten, ob Schultergürtel, Nacken, Arme und Hände beweglich sind. Die Art und Weise, wie wir unseren Körper im Alltag nutzen, wirkt sich auf die Atmung, die Haltung unseres Kopfes und die Funktion unserer Sinne und Hirnnerven aus. Und diese Impulse informieren das Gehirn darüber, wie es uns geht.

Bewegung fördert Selbstwirksamkeit und Selbstheilung

Unser Körper ist auf Bewegung eingestellt. Die meisten Kinder bewegen sich ständig auf kreative und lustvolle Weise, erst im Erwachsenenalter verlieren viele diese Qualität. Wenn wir uns körperlich betätigen, sind wir fähig, Stress abzubauen. Die durch den Sympathikus bereitgestellte Muskelaktivierung wird, wie es evolutionsbedingt ursprünglich für Flucht und Kampf notwendig war, in Bewegung umgesetzt (siehe Seite 52). Auch um Erstarrung und körperliche Blockaden aufzulösen, ist Bewegung notwendig. Die Wirkungen eines psychischen Schockzustandes müssen seelisch und körperlich bearbeitet werden. Erst wenn sich der Körper entspannen und wieder bewegen kann, meldet das Nervensystem Wohlgefühl und Sicherheit an das Gehirn zurück.

GUT ZU WISSEN

Körperarbeit gibt heilsame Impulse

Bei Müdigkeit und Erschöpfung sind sanfte Bewegungen am Boden in Rücken-, Seiten- oder Bauchlage ideal, um Entspannung und neue Energie zu finden. Musik kann unterstützen.

Bei Schmerzen durch Verspannung bringen Selbstmassagen, unterlegte Bälle in Rückenlage, achtsame Dehn- und Twistbewegungen den Körper zurück ins Gleichgewicht.

Bei Nervenschmerzen helfen bewusstes Atmen, verbunden mit Summtönen, kleine bilaterale Bewegungen in Rückenlage, die wechselseitig die Mittellinie überkreuzen, und emotionaler Stressabbau (Seite 85 und Download Emotionalbereich).
Bei Erregung, innerer Unruhe und Stimmungstief verschafft den eigenen Möglichkeiten angepasster Ausdauersport Abhilfe. Die Achtsamkeit auf weiche, bilaterale Bewegungen (Seite 65) erzeugt Wohlspannung.

Zahlreichen wissenschaftlichen Studien können wir entnehmen, dass regelmäßige Bewegung nicht nur unser Herz, den Metabolismus (Stoffwechsel) und die Hautfunktionen in Schwung bringt, das Altern verlangsamt und die Hirnleistung steigert. Bewegung ist auch nachweislich gut für unsere Psyche. So sank das Stresslevel bei Frauen mit posttraumatischer Belastung bereits nach zehn Yogastunden. Tai-Chi verbessert die Lebensqualität und Symptome bei Depression (Zhang u.a. 2018). Auch Aerobic, Stretching und Krafttraining haben einen erwiesenen positiven Effekt auf die Psyche. Ausdauersport jeglicher Art fördert unsere Veränderungsbereitschaft und Problemlösefähigkeit (Hoffman u.a. 2008). Dreimal die Woche zwanzig Minuten pulssteigernde Bewegung an, aber nicht über der Belastungsgrenze stärkt die psychische und körperliche Widerstandskraft und wirkt Depressionen und Angststörungen entgegen (Servan-Schreiber 2006).

GUT ZU WISSEN

Bewegung fördert die Genesung

Die Feldenkraismethode®: Anwendende explorieren mittels achtsamer, spielerischer Bewegung funktionale Themen wie

Rollen, Atemraum, Krafteinsatz oder Differenzierung. Dies fördert die Gegenwärtigkeit und Beheimatung im Körper, die Kreativität, entspannte Aufrichtung und Beweglichkeit. Es wirkt kräftigend, schmerzlindernd und stressreduzierend, erweitert die Bewegungsmuster und verbessert den Selbstumgang und die Lernfähigkeit.

Yoga: Die aus Indien stammenden Übungen unterstützen die Beweglichkeit, Kraft und Selbstregulation sowie die seelische Verankerung im Körper durch meditative Anteile. Es existieren mehr als neunzig Arten des Yogas, es empfiehlt sich, die individuell passende zu finden. Je nach Stil wird Yoga mehr oder weniger leistungsorientiert, meditativ oder sportlich durchgeführt.

Tai-Chi: Die asiatische, langsam durchgeführte Kampfkunst vermittelt raumeinnehmende, meditative Bewegungsformen. Sie unterstützt die freie Atmung und gelenkschonende Bewegung, fördert die Konzentration, Präsenz und körperliche Zentrierung.

Slow Jogging: Der aufrechte Laufstil aus Japan wird mit kleinen Schritten und sanfter Abfederung im Mittelfußbereich durchgeführt. Das langsame Tempo lässt ein leichtes Lächeln zu. Slow Jogging ist auch bei Übergewicht und Gelenkschmerzen erlernbar, aktiviert den Stoffwechsel und die Ausschüttung von Glückshormonen.

Zeitgenössischer Tanz: Moderne Tanzbewegungen eignen sich für Menschen mit Vorliebe für Kreativität und künstlerischen Ausdruck. Persönliche Themen werden in Bewegung umgesetzt, was neben dem positiven Effekt der Pulssteigerung eine befreiende kathartische (heilsame) Erschütterungserfahrung mit sich bringen kann.

Teamsportarten: Rudern, Hockey, Fuß-, Volley- oder Handball steigern den Puls und fördern das Gemeinschaftserleben. Beide Faktoren wirken förderlich auf psychische und körperliche Genesungsprozesse, wenn man ein Team mit passendem Leistungsanspruch findet.

→ Probieren Sie nach Bedarf die entspannenden, vitalisierenden, schmerzlindernden und stressreduzierenden Körperübungen im Download Körperbereich aus.

Ideal ist es also, wenn wir regelmäßig mit möglichst großem Wohlgefühl walken, Rad fahren, tanzen oder rudern. Gehen wir dabei liebevoll und selbstfürsorgend vor, verspürt unser Körper von allein Lust auf mehr. Anstatt die körperlichen Grenzen zu missachten, sich Verletzungen und Schmerzen zuzufügen, um frustriert wieder von Bewegung abzulassen, dient es, wahrzunehmen, wie wir sie durchführen und was Wohlgefühl auslöst.

KÖRPERWAHRNEHMUNG IN BEWEGUNG

Das nächste Mal, wenn du spazieren gehst oder joggst, nimm wahr, wie du dies tust.
Wo setzt du deine Füße auf? Wie rollst du sie ab? Wo fühlst du dein Gewicht auf den Fußsohlen? Innen? Außen?
Wie bewegst du Fußgelenke, Unterschenkel und Knie?
Wie sind deine Beine unter deinem Becken zentriert? Bewegst du deine Knie und Fußspitzen nach außen, vorne oder innen gerichtet? Bewegst du beide Beine auf dieselbe Art?
Wie bewegst du dein Becken? Hängt es entspannt nach unten und wird von deinen Beinen gestützt? Kann es leicht in alle

Richtungen schwingen? Oder spürst du Spannung in einem Bereich?
Wie bewegst du deinen Rumpf? Hast du Raum in deinem Rücken, um zu atmen? Hast du Kraft in deinem Bauch? Wie fühlst du deine Seiten?
Wie ruht dein Schultergürtel auf deinem Rumpf? Und wie sind deine Arme und Hände damit verbunden? Wie bewegst du sie?
Wie ruht dein Kopf auf deinem Hals? Ist dein Nacken frei und beweglich?
Sind deine Stirn und Augen, dein Kiefer und Mund entspannt?
Wie und wo fließt dein Atem?
Wie richtest du dich auf? Wie ist deine Bewegungsqualität? Gibt es etwas, was du ändern möchtest, damit es sich gut anfühlt?

KURZGEFASST Bewegung baut körperlich bereitgestellte Energie ab. Sie wirkt positiv auf Körper und Psyche und ist für Stressabbau, Genesung und Wohlgefühl unerlässlich. Wie, also mit welcher Absicht und Qualität wir uns bewegen, ist dabei von zentraler Bedeutung. Körper- und Selbstwahrnehmung sind die Schlüssel, um Bewegung zur Selbstheilung zu nutzen. Wichtig ist dabei die Regelmäßigkeit der Bewegung. Während einmaliges heftiges Bewegen wenig Wirkung zeigt, bringt regelmäßige Bewegung in der Wohlfühlzone spürbar positive Veränderung.

Welche Bewegungsform spricht Sie an? Welche möchten Sie (wieder) einführen in Ihr Leben? Gibt es allfällige Hindernisse dabei? Und wie könnten Sie diese überwinden? Setzen Sie Ihren physischen Grenzen entsprechend die Bewegungsform Ihrer Wahl um.

→ Nutzen Sie die Dehnübungen im Download Körperbereich. Lesen Sie den Abschnitt »Gute Gewohnheiten einführen« auf Seite 160.

»Jogging begleitet mich seit einigen Jahren durch alle Hochs und Tiefs. Manchmal bin ich dann sehr fit und mag lange laufen. In anderen Phasen muss ich langsam und sanft vorgehen, mich nach den Schmerzen richten und von Ambitionen ablassen. Dennoch kann und mag ich nicht auf das gute Gefühl verzichten, das sich während und nach dem Joggen einstellt. Es ist für mich zu einem Elixier der Zufriedenheit geworden.«

Heilsame Bewegung und Berührung

Über die beschriebenen Bewegungsmethoden hinaus existieren therapeutische Interventionen, die heilsam auf das limbische System, das emotionale Zentrum unseres Gehirns, wirken. So werden in der Feldenkraismethode® und Körpertherapie bilaterale Bewegungen, die die Mittellinie kreuzen, zur Entspannung der Haltemuskulatur, Reorganisation, Stressreduktion und Steigerung der Lernfähigkeit eingesetzt. Bilaterale Bewegungen mit den Augen (auch wechselseitige Geräusche oder Berührungen) werden in der Traumatherapie und im Coaching genutzt, um Belastungsinhalte abzumildern und positive Inhalte zu verankern (Paulsen 2014; Besser-Siegmund, Siegmund 2015; Servan-Schreiber 2006).

Rhythmische Augenbewegungen geschehen auch automatisch in der REM-Schlafphase, während der das Stresslevel sinkt und Emotionen verarbeitet werden (Fogel 2019). Daher wird angenommen, dass bilaterale Augenbewegungen beruhigend auf die Amygdala wirken, jene Areale im Gehirn, die Gefahren bewerten und bei Stress und Traumata eine Überaktivität zeigen. Seitliche Augenbewegungen aktivieren den ventralen Vagusnerv, der soziale Offenheit und Wohlgefühl erzeugt (Rosenberg 2018). Liebevolle Berührung der eigenen Stirn und des Hinterkopfs ist ein körperlicher Ausdruck von Selbstmitgefühl. Sie reduziert Stress und ermöglicht eine Neubewertung von Belastungen (Keding 2013). Achtsames Klopfen bestimmter körperlicher Punkte hilft ebenfalls, Stressbelastungen abzumildern (Gallo, Vincenzi 2007).

GUT ZU WISSEN

Bilaterale Bewegungen und Berührungen wirken positiv auf Gehirn und Nervensystem

Achtsame bilaterale Bewegungen, die die Mittellinie kreuzen, wirken generell beruhigend und lernfördernd. Bilaterale Augenbewegungen desensibilisieren Stresserleben sowie Erschütterungserfahrungen und erzeugen Wohlgefühl. Twistbewegungen in Rückenlage erzeugen einen Massageeffekt, entspannen muskuläre Verkürzungen, dienen der Aufrichtung und guten nervlichen Versorgung. Halten von Stirn und Hinterkopf sowie Klopfen von Akupressurpunkten wirken ebenfalls über den Körper positiv auf die Psyche und Genesung.

Das regelmäßige Üben solch körperlicher Selbstregulierung, also der bewussten Beruhigung unseres Nervensystems, erzeugt eine körperliche Erinnerung. Innere Ruhe kann damit in Stresssituationen besser abgerufen werden.

→ Nutzen Sie die Twistbewegungen und fördern Sie Ihre Sinneswahrnehmungen (Download Körperbereich), um Veränderungsbereitschaft zu erzeugen.

KURZGEFASST Gezielte bilaterale Bewegung und Selbstberührung wirken heilsam. Genesung muss auch auf der Ebene der basalen Lebensregulation geschehen, damit sie real erfahrbar wird. Es ist von zentraler Bedeutung, dass Sicherheit, Entspannung und grundsätzlich positive Impulse unser Nervensystem und die Zellen erreichen. Erst wenn wir körperlich fähig werden, Wohlgefühl und Eutonie (Wohlspannung) zu erzeugen, kann sich unsere Psyche beruhigen.

Der Körper im Überblick

Altes und gegenwärtiges Wissen zeigen, wie bedeutsam es ist, in unserer körperlichen Realität beheimatet zu sein. Kultivieren wir verkörperte Selbstwahrnehmung (Fogel 2019), also das achtsame Bewohnen unseres Körpers von innen, und nehmen geistig Anteil an dessen Prozessen, erschließt sich uns enormer Reichtum. Wir finden Zugang zu unserem Selbstheilungswissen und können auf unterschiedlichste Weise stärkend auf unsere Psyche einwirken. Stärken wir unser körperliches Wohlbefinden, erleichtern wir auch unserem Geist die Arbeit. Mit Achtsamkeit, Bewegung, Wertschätzung und Zuwendung bewohnt, wird unsere körperliche Existenz zur naheliegenden, weisen Wegbegleiterin.

Angesichts dieser unbestrittenen Körperintelligenz können wir uns fragen, wie Verspannungen und Schmerzen, selbstzerstörerische Bedürfnisse, Süchte aller Art oder gar grundlegende körperliche Verweigerung von Genesung und Entwicklung zu verstehen sind. Wie können wir unsere Körperlichkeit als intelligent betrachten, gerade dann, wenn wir unter ihr leiden? Wie können wir Symptome und Krankheit ohne körperlichen Befund erklären? In den folgenden Kapiteln werden wir zeigen, auf welche Weise sich Emotionen, Gefühle und Erfahrungen körperlich manifestieren und wie das Verlangen nach Beziehung unser Verhalten und körperliche Funktionsweisen prägt. Wir legen dar, wie sich unsere Lebenswelt körperlich ausdrückt und wie wir diesen Umstand zur Genesung nutzen können.

»Ich kann mich bei alltäglichen Stressmomenten sehr gut mit Körper-, Atem- oder bivagalen Übungen beruhigen. Wird der Stress jedoch durch alte Muster ausgelöst, dann gelingt es mir weniger gut, ihn so zu reduzieren. Dann hilft es mir, mich auf den Boden zu legen und bilaterale Augenbewegungen zu machen. Der Stress kann immer wieder durch winzige Trigger, zum Beispiel wenn ich erneut daran denke, reaktiviert werden.«

→ Wie emotionaler Stressabbau funktioniert und wie Sie psychische Repräsentationen, z. B. Ihr inneres Kind oder Glaubenssätze, bearbeiten können, erfahren Sie in den nächsten Kapiteln.

Emotionen und Gefühle sind der Ausdruck davon, wie wir die Umwelt und unser Inneres wahrnehmen. Sie werden beeinflusst durch äußere Umstände und Mitmenschen, durch unsere Biografie und wie wir Sinnesreize verarbeiten, durch unsere Gedanken, Erwartungen und Glaubenssätze. Als körperliche Manifestationen informieren sie über »Gut« und »Böse«, also darüber, was uns gedeihen lässt und was uns schadet. Speziell in Krisen- und Belastungssituationen spielt der Umgang mit Emotionen eine zentrale Rolle.

Die Feldmaus Frederick

Lassen Sie uns zur Veranschaulichung unserer Gefühlswelt eine Kindergeschichte von Leo Lionni (2003) nacherzählen. Sie handelt von Frederick, dem Mäuserich, der sich für alles Sinnliche, für die emotionale und seelische Nahrung interessiert.

Es wurde Herbst auf dem Mohnblumenfeld. Die Feldmäuse sammelten emsig Nüsse, Getreidekörner und Sonnenblumenkerne. Sie waren daran, sich einen großen Vorrat anzulegen, um den kalten Winter zu überleben. Eine Maus jedoch beteiligte sich nicht am Sammeln. Frederick saß den ganzen Tag an seinem Lieblingsplatz auf einem kleinen Stein. Dort schien ihm die Sonne auf den Bauch. Er lauschte den Singvögeln, spürte den Wind und roch das Gras, die Blumen und das Obst. Seinen Mäusefreunden gefiel das nicht: »Frederick, warum hilfst du nicht, Vorräte zu sammeln?« Frederick antwortete: »Aber ich sammle doch. Ich sammle Sonnenstrahlen, die Lieder der Vögel und die Düfte des Sommers. Ich sammle Geschichten, die der Wind erzählt.« »Frederick, können Sonnenstrahlen unsere Bäuche füllen? Können Lieder und Geschichten uns im Winter warm halten? Du bist und bleibst eine faule Maus!« Und die Mäuse sammelten weiter Nahrung. Nur Frederick nicht. Der saß auf seinem Stein und genoss die letzten Strahlen der Herbstsonne. Die Tage vergingen. Die Blätter fielen von den Bäumen, der erste Frost kam und die Mäuse zogen sich in ihren Bau zurück. Dort war es warm und sie wurden satt. Doch der Winter war lang und die Nahrung wurde knapp. Die Mäuse wurden schwermütig und traurig. Die Sonne und der Sommer fehlten ihnen sehr. Nur eine Maus war fröhlich. Frederick. Er bat seine Mäusefreunde, die Augen zu schließen, und begann zu erzählen. Er erzählte von goldenen Sonnenstrahlen, den Geschichten des Windes und den Düften des Sommers. Er sang die Lieder der Vögel. Und den Mäusen wurde es warm ums Herz, die Welt strahlte wieder in all ihren Farben. So saßen sie den Rest des Winters beieinander und lauschten Frederick. Und als dieser seine letzte Geschichte erzählt hatte, war der Winter vorbei. Die Vögel waren zurückgekehrt, die Sonne schien und die ersten Frühlingsblumen öffneten ihre Knospen.

Was vermittelt uns diese Geschichte? Schauen wir uns zunächst einmal an, inwiefern sich Emotionen und Gefühle voneinander unterscheiden und wie sie zusammenhängen:

Emotionen sind kurzzeitige spontane Reaktionen auf ein bedeutsames Ereignis. Sie dauern in der Regel nicht länger als neunzig Sekunden. Durch Emotionen sind wir fähig, unsere Integrität aufrechtzuerhalten. Sie basieren auf angeborenen Hirnstrukturen und dienen auf grundlegendster Ebene dazu, dass Menschen (und Mäuse) Situationen rasch bewerten können, um lebenserhaltend auf Gefahren zu reagieren. Die Mäuse in der

Geschichte sammeln ihre Nahrung, angetrieben von Angst vor dem Hunger im Winter. Erleben sie dabei Bedrohung, beispielsweise durch einen Raubvogel, flitzen sie in ihren Bau oder stellen sich tot. Sie sind wütend auf Frederick, da dieser scheinbar nur faul auf seinem Stein sitzt. Durch Emotionen halten Säugetiere und Menschen die Homöostase, also das körperliche innere Gleichgewicht, aufrecht, indem sie sich instinktiv dem annähern, was sich gut anfühlt, und vermeiden, was ihnen schadet. Bereits Neugeborene empfinden Interesse, Trauer, Wut, Freude, Ekel oder Überraschung. Die Emotion Angst lässt sich erst ab sechs Monaten beobachten.

Gefühle hingegen sind längerfristige Empfindungen gegenüber uns selbst und der Umwelt. Sie entstehen, wenn wir gedanklich an unseren Emotionen Anteil nehmen und diese bewerten (Damasio 2009). Gefühle wie Schuld und Scham entwickeln sich in Zusammenhang mit Normen und Werten des Umfelds, wenn komplexere Denkprozesse eingesetzt haben (Stern 2020). Verurteilen wir uns für bestimmte Emotionen und unterdrücken Angst, Wut oder Ekel, verletzen wir unsere Integrität und verhindern, unsere natürlichen lebenserhaltenden Grenzen zu setzen. (Antworten darauf, warum wir das tun, finden Sie im Abschnitt über soziale Beziehung, Seite 144.) Unterdrücken wir unsere spontane Emotionalität, entstehen Selbstgefühle wie Unzulänglichkeit, Selbstentfremdung, innere Leere oder Aggression.

Wir können spekulieren, dass die Mäuse Gefühle wie Unverständnis und Selbstgerechtigkeit empfunden haben, als sie mit Frederick schimpften. Frederick hat sich möglicherweise traurig und ausgeschlossen gefühlt, gleichzeitig muss er starke Gefühle von Vertrauen und innerer Sicherheit erlebt haben, um trotz Kritik mit seinem ungewöhnlichen Verhalten fortzufahren. Durch innere Bilder und Musik weckten Fredericks Geschichten in seinen Mäusefreunden positive Erinnerungen, die Gefühle der Hoffnung, Verbundenheit, Zuversicht und des Glücks auslösten. Gefühle sind objektiv nicht messbar und hängen von unseren Gedanken, Werten und unserem Selbstumgang ab. Nur wir selbst können sie beschreiben. Während Emotionen gegeben sind und der sinnvollen Regulation bedürfen, lassen sich unsere Gefühle von Grund auf wandeln.

KURZGEFASST Emotionen sind angeborene, messbare und kurzfristige Impulse zur Überlebenssicherung und Bedürfnisbefriedigung. Sie dienen der Annäherung oder Vermeidung im Hinblick auf alles, was uns begegnet. In Genesungsprozessen sind wir dazu aufgefordert, Emotionen anzunehmen und konstruktiv zu regulieren. Gefühle hingegen sind das subjektive längerfristige Erleben von uns selbst und unserer Umwelt. Sie entstehen durch die Bewertung unserer Empfindungen und Emotionen. Wir können Gefühle beeinflussen, indem wir unsere Emotionen neu bewerten und Gewohnheiten einführen, die angenehme Gefühle fördern.

Nehmen Sie wahr, wie sich längerfristige Gefühle – beispielsweise Ihr Selbstgefühl in Bezug auf bestimmte Themen – von kurzlebigen Emotionen unterscheiden. Beobachten Sie die Dauer Ihrer Emotionen. Sind Sie das nächste Mal wütend oder ängstlich, seien Sie gewiss – es geht vorbei. Beobachten Sie Ihre Emotion. Wie und wo ist sie im Körper fühlbar? Vielleicht drücken Sie sie durch Worte, Geräusche oder Gesten aus. Prüfen Sie nach zwei Minuten, ob sich die Emotion abgeschwächt hat. Schreiben Sie Ihre Erfahrungen in Ihr Notizbuch.

→ Liebevolle Beziehungen, regelmäßige Bewegung, emotionaler Stressabbau, Achtsamkeit, Naturerlebnisse und Sinneserfahrungen unterstützen angenehme Gefühle. Konkrete Impulse finden Sie im Downloadmaterial.

> *»Der Unterschied zwischen Emotionen und Gefühlen war mir lange Zeit nicht bewusst. Wie auch, ich nahm meine Emotionen ja gar nicht wahr, jedenfalls nicht so, dass sie mir präsent gewesen wären. Ich stelle mir vor, dass bei mir die einzelnen Emotionen wie Lichter von Zündhölzern aufgepoppt sind – um sogleich aufs Schärfste bewertet zu werden und zu Gefühlen zu mutieren. In aller Regel zu unangenehmen Gefühlen, denn die kannte ich ja schon.«*

Wie Emotionalbereich und Körper ineinandergreifen

Zeitlebens speichern wir all unsere Erlebnisse und die damit verbundenen Emotionen und Gefühle im Körper ab. Dieses Phänomen der Inkarnation, der körperlichen Manifestation, wird auch als somatische Marker bezeichnet. Ist beispielsweise das Verhältnis zu unserer Familie angespannt und steht ein Treffen bevor, ändert sich unser emotionaler Zustand, je näher das Fest rückt. Wir stehen unter Druck, sind gereizt, belastende Emotionen häufen sich. Unsere Atmung steigt, die Schultern rutschen nach oben, die Verdauung und unser Denken sind blockiert. Bevor wir realisieren, was wir in Zusammenhang mit dem anstehenden Fest fühlen, hat unser Körper bereits die somatischen Marker »Familie« abgerufen und Alarmsignale gesendet.

Somatische Marker, also »körperliche Markierungen«, ermöglichen es, Erlebnisse und Verhaltensweisen einschließlich der damit verbundenen Emotionen, Gefühle und Gedanken nachzubilden. Wir können uns erinnern und assoziieren, um Dinge und Situationen wiederzuerkennen und sinnvoll darauf zu reagieren. Erfahrungen, beispielsweise von Leistungsdruck, Abwertung oder äußeren Ansprüchen, sind mit Körperempfindungen, Emotionen und Gefühlen verknüpft. Biografisch angelegt, werden sie durch ähnliche Konstellationen erneut reaktiviert. Dabei macht unser Gehirn nur einen kleinen Unterschied zwischen der Realität und Imagination. Bereits der Gedanke an ein herausforderndes Treffen erzeugt die entsprechenden psychosomatischen Symptome. Und Fredericks Geschichten wecken in den Mäusen reale, körperlich fühlbare Erinnerungen an den Sommer.

Emotionen und Gefühle informieren uns selbst und andere darüber, wie es uns geht. Sie signalisieren unserem Gegenüber mittels Haltung, Stimmqualität, Mimik und Gestik, ob wir beispielsweise zufrieden, wütend oder ängstlich sind. Gleichzeitig erzeugt unsere körperliche Präsenz auch die entsprechenden Emotionen und Gefühle nach innen (siehe Seite 68). So wirken verkörperte Emotionen und Gefühle in beide Richtungen: auf soziale Beziehungen und das Selbstbild. Im sozialen Umfeld wiederum bekommen wir gespiegelt, was wir aussenden (siehe Seite 125) – so werden Teufels- und Engelskreise angestoßen. Wir können folglich auf der basalen körperlichen Ebene durch Bewegung, Körperwahrnehmung, Präsenzschulung und Stimmarbeit positiv auf unseren Emotionalbereich, unser Selbstbild und unsere sozialen Kontakte einwirken.

GUT ZU WISSEN

Körperliche Impulse wirken auf den Emotionalbereich

Körperwahrnehmung und Bewegung ermöglichen, beispielsweise den eingezogenen Kopf wieder aufzurichten, die Schultern fallen und den Nacken lang werden zu lassen. Kombiniert mit emotionalem Stressabbau (Seite 85) befähigen Körperwahrnehmung und Reorganisation dazu, nach Emotionsüberflutungen und belastenden Gefühlen zurück in eine neutrale entspannte Haltung zu finden.

Präsenzschulung, wie sie im Theatertraining geschieht, unterstützt uns dabei, über unseren Körper aktiv auf Situationen einzuwirken und uns gegenüber anderen bewusst mit körperlichen Signalen abzugrenzen oder anzunähern. Die Beheimatung im eigenen Körper lässt uns auch emotionale Schwankungen einfacher ausgleichen, indem wir körperlich wieder in eine neutrale Haltung zurückfinden.

Stimmbildung hat ebenfalls eine positive Wirkung auf das Nervensystem, da der ventrale Vagus nahe den Stimmbändern verläuft. So erzeugt Stress den »Kloß im Hals«, die Stimme wird gedrückt und eintönig. Stimmbildung stimuliert die freie durchlässige Atmung und Wohlspannung (Eutonie) und ermöglicht uns, bewusst Stimmungen zu erzeugen. Können wir sie modulieren, werden wir fähig, gesellschaftlich Raum einzunehmen und Gefühle zu vermitteln. Nicht zuletzt erzeugen Singen und Klang Glücksgefühle, Verbundenheit, Entspannung und Schmerzreduktion.

KURZGEFASST Emotionen und Gefühle drücken sich körperlich aus. Emotionale Erfahrung schreibt sich körperlich ein und erzeugt somatische Marker, also körperliche Spuren. Diese dienen der Orientierung im Leben, sie helfen, uns zu erinnern, Gefahren zu erkennen, passend darauf zu reagieren und schöne Erinnerungen wieder aufleben zu lassen. Körperarbeit und physische Präsenz unterstützt uns, positiv auf unsere Gefühlswelt einzuwirken.

Was davon inspiriert Sie? Erforschen Sie auf persönliche Weise die Zusammenhänge zwischen Körper, Emotionen und Gefühlen. Massieren Sie beispielsweise Ihre Füße mit einem Tennisball. Summen Sie dazu ein tiefes Mmmmm nach innen in Ihren Körper. Nehmen Sie wahr, wie die Vibration sich in Ihren Knochen ausbreitet.

→ Probieren Sie die Anleitungen zur Stimmbildung und Achtsamkeit im Download Körperbereich aus.

Grundbedürfnisse und Emotionsregulation

Emotionen dienen nicht nur dem grundlegenden Selbsterhalt, indem sie zur Suche nach Nahrung und Schutz anregen, sondern auch der Bedürfnisbefriedigung. Wir Menschen kommen mit emotionalen Grundbedürfnissen zur Welt, nach denen sich unser Verhalten ausrichtet (Seligman 2012):

Soziale Bindung und Autonomie Um sich zu entwickeln, sind Menschen auf sicherheitsspendende Beziehungen angewiesen. Wird das Bedürfnis nach sozialer Bindung nicht befriedigt, schalten die hormonellen Motivationssysteme ab, die Dopamin (erzeugt zielgerichtetes Handeln) und Oxytocin (ermöglicht soziale Bindung) ausschütten. Dies führt zu starken Stressantworten des Nervensystems, die Depression (Aktivierung des dorsalen Vagus), Aggression oder Angst (Aktivierung des Sympathikus) auslösen können. Gleichzeitig brauchen Menschen Autonomie, um sich entwickeln und frei bewegen zu können. Sind Beziehungen zu eng und ist Eigenständigkeit nicht gegeben, erzeugt auch dies Stressbelastungen.

Orientierung und Kontrolle Struktur und Vorhersehbarkeit in unserer Erlebniswelt geben Sicherheit. Sie entspannen und fördern die Selbstermächtigung, also das Gefühl, Situationen und deren Lauf beeinflussen zu können. Fehlen Orientierung und Kontrolle, entstehen Angst, Gefühle des Ausgeliefertseins, der Orientierungslosigkeit und des Kontrollverlustes. Diese lösen ebenfalls starke Stressantworten aus.

Lustgewinn, Unlustvermeidung Im Laufe der Entwicklung gleichen Menschen ihre Triebe mit ihrer Erfahrung und der Realität ab. Sie lernen, das Resultat sofortiger Triebbefriedigung zu antizipieren (vorauszusehen) sowie Triebe und Vernunft in Einklang zu bringen. Gleichzeitig werden Handlungen und Dinge, die keine Lust erzeugen, vermieden. Können wir längerfristig das Bedürfnis nach Lustgewinn nicht befriedigen, versiegt die Fähigkeit, aus innerer Kraft und Eigeninitiative zu handeln. Auch dies erzeugt Stressantworten.

Selbstwerterhöhung, Selbstwertschutz Der Selbstwert entsteht im Zusammenhang mit sozialen Beziehungen sowie durch Gefühle und Gedanken gegenüber der eigenen Person. Menschen streben danach, ihren Selbstwert zu erhalten, zu schützen und zu erhöhen, um sich als wertvolles Mitglied der sozialen Gemeinschaft wahrzunehmen. Gelingt dies nicht, müssen Ersatzhandlungen (z. B. übermäßiger Konsum, Prahlen, Konkurrieren) das Selbstbild stützen. Führt auch dies nicht zum Erfolg, entstehen Gefühle wie Minderwert oder Isoliertheit. Es kommt zu Stressantworten.

GUT ZU WISSEN

Emotionale Grundbedürfnisse treiben uns an

Wir tragen Grundbedürfnisse nach Liebe, Autonomie, Sicherheit, Erfüllung und Selbstwert in uns. Damit treffen wir auf ein komplexes Umfeld, das diesen Bedürfnissen nicht immer – und manchmal gar nicht – gerecht werden kann. In der Folge erleben wir Emotionen wie Schmerz, Angst oder Wut. Wir können lernen, solche Emotionen angemessen auszuleben, sie handlungsleitend zu nutzen und zu verarbeiten.

Betrachten wir die menschlichen Grundbedürfnisse genauer, wird deutlich, dass diese darauf abzielen, als geschätztes Mitglied am gesellschaftlichen Leben teilzunehmen. Bleiben sie unerfüllt, aktivieren sie die Stresssysteme und erzeugen Emotionen, die zu ihrer Befriedigung antreiben. Durch Neurozeption, also stete unterbewusste Wahrnehmung, registrieren wir, ob unsere Umgebung unseren Grundbedürfnissen gerecht wird, ob sie sicher oder gefahrvoll ist. So entstehen sogenannte Hintergrundemotionen wie latentes Wohlgefühl oder Unwohlsein (Damasio 2009).

Psychische Erkrankungen weisen eine Gemeinsamkeit auf: die Emotionsdysregulation, also die schädigende Regulierung von Emotionen. Unser Umgang mit Emotionen entwickelt sich im kindlichen Alter instinktiv und im Wechselspiel mit unserer Umwelt. In einer sicheren Umgebung sind gesunde Säuglinge ab dem ersten Lebenstag kompetent, Emotionen auszuhalten und zu regulieren, wenn ihre Grundbedürfnisse nach Nahrung, Schlaf, Sauberkeit, Bindung und Autonomie erfüllt sind (Tardos 2000). Werden ihre Grundbedürfnisse nicht erfüllt oder »übererfüllt«, führt dies zu Vernachlässigung oder Überbehütung. Dabei geht die Übererfüllung eines Grundbedürfnisses mit der Vernachlässigung eines anderen einher. Zu viel soziale Bindung schränkt beispielsweise die Autonomie ein – und umgekehrt. In beiden Fällen kann keine emotionale Selbstregulation und Selbstwirksamkeit entwickelt werden – es kommt zu Stress und einer Emotionsdysregulation. Emotionen werden dabei entweder unterreguliert und überfluten das Selbst – Menschen fügen sich und anderen im Affekt Schaden zu. Oder Emotionen werden überreguliert, also unterdrückt, damit Menschen sie – und damit sich selbst – nicht mehr spüren. Längerfristig entstehen psychische Erkrankungen.

In unseren Genesungsprozessen sind wir meist aufgefordert, schwierige Emotionen anzunehmen und einen neuen Umgang mit ihnen zu erlernen. Dies bedingt, dass wir auch belastende Emotionen selbstmitfühlend wahrnehmen und dabei nach Möglichkeiten suchen, sie schadlos auszudrücken. Auch hier hilft es, Sein und Erleben zu unterscheiden: Wir erleben Emotionen, sie sind aber nur ein Teil unser selbst.

KURZGEFASST Emotionen sind der Ausdruck davon, in welchem Maße unsere Grundbedürfnisse erfüllt sind und in welchem Erregungszustand sich unser Nervensystem befindet – im Entspannungszustand empfinden wir weder Angst noch Wut. Unsere Emotionsregulation entscheidet darüber, ob wir belastende Emotionen zur Lebensgestaltung nutzen können. Es gibt zwei Extreme der Emotionsregulation, die zu unterschiedlichen psychischen Erkrankungen führen können: die Unterregulierung von Emotionen, die Handlungen im Affekt auslöst, sowie die Überregulierung von Emotionen, die verhindert, dass wir uns spüren. Körperwahrnehmung, das Erkennen unserer Bedürfnisse, Selbstmitgefühl und Stressabbau ermöglichen uns, einen neuen, flexiblen Umgang mit Emotionen zu erlernen.

Nehmen Sie wahr, welche Ihrer Grundbedürfnisse befriedigt sind und welche nicht. Welche wecken Ihr Interesse? Wie befriedigen Sie Ihre Grundbedürfnisse? Was können Sie dabei selbst bewirken? Vielleicht mögen Sie zu den jeweiligen Grundbedürfnissen schreiben, malen oder gestalten.

→ Führen Sie die Anwendungen »Selbstwahrnehmung« (Emotionalbereich) oder »Grundbedürfnisse erkennen und ihre Erfüllung einschätzen« (Verhaltensbereich) im Download durch.

»Kommen bei mir belastende Emotionen oder Gefühle hoch, fühlt sich das wie ein innerer Wirbelsturm an. Sie tun mit mir, was sie wollen, und ich habe ihnen nicht viel entgegenzusetzen. Alles in mir will handeln, um sie loszuwerden. Es fällt mir schwer, sie auszuhalten. Ich weiß auch nicht, warum. Manchmal muss ich mir gar Schmerzen zufügen, um dieses Gefühl des Nicht-aushalten-Könnens loszuwerden.«

Mit belastenden Emotionen umgehen lernen

Da wir weder unsere Grundbedürfnisse noch unsere Emotionen oder Umwelt ändern können, ist es umso bedeutsamer, dass wir lernen, mit intensiven Emotionen wie Schmerz,

Angst oder Wut umzugehen. So hilft es beispielsweise, die Emotionen wahrzunehmen und sie auszuhalten, im Wissen darum, dass sie vorbeigehen. Durch Körperwahrnehmung, Fokus auf langsames Ausatmen mit halb geschlossenen Lippen und Stressabbau beruhigen wir das Nervensystem. Wir können auch Zeit durch Ablenkung gewinnen oder indem wir uns etwas Gutes tun. Sind die Emotionen verebbt, können wir reflektieren, wo sie herrühren und wozu sie nütze sind. Wir können sie in Worte fassen und sie unseren Mitmenschen ruhiger mitteilen.

Emotionen sind eng mit somatischen Markern und Schemata, also mit Körper und Geist, verknüpft. Bei einer emotionalen Regung neigen wir schnell dazu, die entsprechend gefärbte Brille aufzusetzen und unser Erleben gedanklich einzuordnen. Starke Emotionen bleiben auch nicht zwingend mit ihrem Auslöser verbunden. Sie haben vielmehr die Tendenz, sich auszubreiten und unser Gehirn und Nervensystem zu überfluten – wir erleben dieselbe Emotion in neuen Zusammenhängen. Plötzlich macht nicht nur die zerstörerische Beziehung Angst, in der wir gefangen sind, die Angst breitet sich aus und wir fühlen sie in Bezug auf Alltägliches wie Autofahren, unsere Gesundheit, unser Verhalten oder das Wohlergehen unserer Lieben. Es ist hilfreich, den Ursprungsort einer solchen Dynamik zu erkennen und durch Realitätscheck starke emotionale Überflutungen einzugrenzen. Setzen wir am Ursprung der emotionalen Belastung mit Veränderung an, zieht dies eine positive Dynamik nach sich und vermag, Emotionsüberflutungen aufzulösen.

Belastende Beziehungen können wir gesundheitsfördernd gestalten, indem wir Grenzen setzen oder den Kontakt minimieren. Wir können neue Umfelder aufsuchen, die uns die Chance geben, unsere Bedürfnisse zu erfüllen. So übernehmen wir die Verantwortung für unsere Bedürfnisse und nutzen Emotionen dazu, unsere Unversehrtheit aufrechtzuerhalten. Wir beginnen, auch belastende Emotionen positiv zur Lebensgestaltung zu nutzen.

GUT ZU WISSEN

Belastende Emotionen dienen der Lebensgestaltung

Durch Körperwahrnehmung erkennen wir Unterschiede; wir spüren beispielsweise einen Kloß im Hals und dass große Angst in uns aufsteigt.

Wir regulieren die Intensität der Emotion, indem wir langsam ausatmen, den Körper wahrnehmen oder uns ablenken, bis die Emotion verebbt ist. Danach ordnen wir sie in Ruhe ein. Fragen wir uns, was die Angst auslöste, was unmittelbar davor geschah. Vielleicht stellen wir beispielsweise fest, dass sich kurz vorher jemand Geliebtes autonom verhalten hat oder mit sich oder anderen beschäftigt ist.

Machen wir einen Realitätscheck, erkennen wir, dass wir beispielsweise eine alte Verlustangst und eine frühe Erfahrung von mangelnder Bindung in uns tragen, die wenig mit der Gegenwart zu tun haben. (Oder wir können die Angst einer aktuellen realen Situation zuordnen und bearbeiten folglich unsere Lebensumstände.)

Verarbeiten wir die ursprünglichen negativen Erfahrungen des Verlassenwerdens und mangelnder Zuwendung, z. B. durch kreative Gestaltung und emotionalem Stressabbau, können wir unseren Nahestehenden gelassen Autonomie zugestehen. Erkennen wir unser menschliches Grundbedürfnis nach Bin-

dung und Liebe, können wir unsere Angst vor Mangel und Verlassenwerden selbstmitfühlend annehmen.
Wir entwickeln Selbstvertrauen, indem wir die Angst akzeptieren und anerkennen, dass Erfahrungen von Mangel und Verlassenwerden grundsätzlich schmerzhaft sind. Wir suchen den Kontakt zu Menschen, die verlässlich und beziehungsfähig sind.
Angenehme Emotionen aktivieren wir, indem wir uns daran erinnern, was Menschen an uns schätzen. Was haben wir Schönes zu geben?
Körperarbeit hilft, nach emotionaler Erregung in eine neutrale Haltung zurückzufinden.

Nehmen Sie wahr, wie Sie Ihre Emotionen regulieren. Tendieren Sie dazu, diese zu unterdrücken und sich nicht mehr zu spüren? Oder haben Sie Mühe, Ihre Emotionen einzudämmen, und begehen im Affekt Handlungen, die Sie später bereuen? Vielleicht wechseln Sie von einem Extrem ins andere? Seien Sie selbstmitfühlend mit Ihren Bedürfnissen und der Art, wie Sie Emotionen regulieren – auch wenn dies heute noch nicht optimal sein mag. Halten Sie Ihre Erkenntnisse gestaltend fest.

→ Die Techniken des Stressabbaus helfen bei Emotionsüberflutung, die Anwendungen »Evaluation der Emotionen« und »Visualisieren« unterstützen, Emotionen zu fühlen (Download Emotionalbereich).

»Ich habe kürzlich einen Text gelesen, der mich tief berührt hat. Es ging um die Fähigkeit, mit sich selbst befreundet zu

sein, um die Höflichkeit gegenüber sich selbst. Ist die Vorstellung, mit sich selbst befreundet zu sein, nicht wunderbar?«

»Ich bin in einer Familie und Generation aufgewachsen, in der Leistung, materielle Sicherheiten und Wohlstand im Vordergrund standen. Emotionen wurden mit ›Reiß dich zusammen!‹ abgetan. Fehler durften nicht passieren, wenn mir einer geschah, war ich als ganzer Mensch falsch. Heute habe ich schnell das Gefühl, nicht gut genug zu sein. Höre ich Kritik, erstarre ich innerlich, lege mir einen Panzer an und ziehe mich zurück. Mittlerweile kenne ich dieses Muster, manchmal gelingt es mir, dieses zu durchbrechen, ganz oft aber auch nicht.«

Genesen nach emotionaler Erschütterung

Wir Menschen sind zartere Wesen, als uns im Allgemeinen bewusst ist. Eine Studie hat beispielsweise gezeigt, dass Autounfälle ohne körperliche Folgen bei über 50 Prozent der Betroffenen (!) zu einer dauerhaften psychischen Belastung geführt haben. Ein Jahr nach dem Unfall traten bei ihnen unerwartet Depressionen, Angst- und Essattacken sowie Alkoholmissbrauch auf (Yehuda u.a. 1998) – die letzten beiden Verhaltensweisen dienen dem Spannungsabbau. Einige Betroffene entwickelten die – eher zu erwartende – Posttraumatische Belastungsstörung (PTBS). Ebenso können Vertrauensbrüche in beruflichen Beziehungen, Kränkungen in Liebesbeziehungen, Brüche in Familien sowie andere unterschätzte Erschütterungen zu dauerhaften emotionalen Belastungen, verbunden mit destruktivem Verhalten, führen (Besser-Siegmund, Siegmund 2015; Servan-Schreiber 2006).

GUT ZU WISSEN

Unsere Psyche braucht Aufmerksamkeit

Nicht nur heftige Schicksalsschläge und lebensbedrohliche emotionale Erschütterungen hinterlassen eine dauerhafte Stressbelastung in unserem Körpergedächtnis. Bereits weniger einschneidende Ereignisse können unsere psychische und körperliche Gesundheit nachhaltig und unbemerkt beeinträchtigen, stehen wir mit unserem Selbst und Erleben nicht in Verbindung. Erkennen wir durch Körper- und Selbstwahrnehmung Einschränkungen in unserem Wohlgefühl, so ist es wichtig, nach der auslösenden Erschütterungserfahrung zu suchen, sie bewusst wahrzunehmen und zu desensibilisieren. Erst wenn wir eine solche integrieren, kann sich unser Nervensystem beruhigen und wir brauchen keine Vermeidungshaltung (z. B. Autofahren meiden) oder Kompensation (z. B. Essattacken, Alkohol) zur Selbstregulierung einzuführen. Wir können das belastende Erlebnis als Erinnerung, ohne stete »Triggergefahr«, in unsere Biografie integrieren.

Um eine unbewusste Erschütterungserfahrung bewusst zu machen, kann es hilfreich sein, sich folgende Fragen zu stellen: Seit wann treten Symptome wie Schlafstörungen, chronische Stimmungstiefs oder Reizbarkeit, diffuse Schmerzzustände oder der Hang zu schädlichem Essverhalten und Alkoholmissbrauch auf? Gibt es dafür möglicherweise einen konkreten Auslöser?

Sind wir innerlich dazu bereit, können wir wahrnehmen, was uns aus der Bahn geworfen hat. Durch Körperwahrnehmung, innere Bilder und Assoziationen kann der Stressor vom unterbewussten Bereich ins Bewusstsein treten. Er wird damit nicht größer – aber wir nehmen seine Bedrohung nun bewusst wahr. Solch bewusste Wahrnehmung der Erschütterungserfahrung ist Voraussetzung dafür, diese desensibilisieren und schadlos integrieren zu können. Dabei kann bereits der Bewusstwerdungsprozess entspannend wirken, da wir den Stressor nicht mehr angestrengt zu unserem Selbstschutz abwehren. Die so in die Wahrnehmung tretenden Empfindungen, Emotionen, Gefühle, Gedanken, Worte und inneren Bilder können wir durch emotionalen Stressabbau abmildern. Dazu werden bilaterale Bewegung und Selbstberührung (Seite 65) mit gleichzeitigem Fokus auf den Stressor durchgeführt.

Die therapeutischen Techniken ESR (Emotional Stress Release), EMDR (Eye Movement Desensitization and Reprocessing) sowie Klopfakupressur nutzen Bewegung und Berührung, um emotionale Belastungen gezielt abzubauen. Mit leichten Anpassungen können sie auch zur Selbstheilung genutzt werden. Sind wir auf unserem Genesungsweg genügend selbstständig – vielleicht begleitet durch eine ambulante Therapie – und suchen geeignete Methoden zur Selbstregulation, bieten uns die Techniken des emotionalen Stressabbaus stets verfügbare Unterstützung.

EMOTIONALER STRESSABBAU (ESR)

Lege dich bequem auf den Rücken und halte mit je einer Handfläche deine Stirn und deinen Hinterkopf.
Magst du diese umfassende Haltung nicht, halte mit Daumen und Zeigefinger derselben Hand deine zwei Stirnbeinhöcker über den Augen in der Mitte der Stirn (ein Bild findest du im Download unter ESR).
Halte dabei deine Schultern und Arme möglichst angenehm. Alternativ eignen sich Seitenlage oder Sitzen, an die Wand angelehnt, die Ellenbogen auf die Knie abgestützt.

Halte deinen Kopf liebevoll und zugewandt, als würdest du ein weinendes Kind beruhigen. Denke dabei an die Belastung und fühle diese.
Vielleicht magst du dabei kürzer durch die Nase ein- und länger durch den halb geschlossenen Mund ausatmen. Lasse alle Anstrengung los.
Halte deine Stirnbeinhöcker so lange, bis du spontan durchatmen kannst oder Mühe hast, die Belastung zu fokussieren.

→ Weitere Techniken des Stressabbaus und alles Wichtige zu deren Anwendung und Hintergrund finden Sie im Download Emotionalbereich.

KURZGEFASST Bilaterale Bewegung und Berührung, verbunden mit Fokus auf die Belastung, können emotionalen Stress abmildern. Körperwahrnehmung, Selbstfürsorge und die Kenntnis der Techniken ermöglichen selbstgesteuerten emotionalen Stressabbau.

Testen Sie die Techniken des Stressabbaus auf ihre Wirkung. Sie finden sie im Emotionalbereich des Downloadmaterials. Einige hat Nicole Amrein für Sie eingesprochen. Gehen Sie liebevoll mit sich selbst und ambitionslos vor. Was sich gut anfühlt, ist richtig.

Die Kraft der Gefühle

Gefühle entstehen, wenn wir unser emotionales Erleben wahrnehmen und beurteilen, also wenn Geist und Emotionen zusammentreffen. Gefühlsbildung geschieht teilbewusst und erzeugt eine längerfristige Empfindung gegenüber uns selbst und der Welt. Gefühle drücken aus, wie wir Situationen, Emotionen und Empfindungen beurteilen. Die Art dieser Beurteilung lernen wir im Laufe unserer Entwicklung in Wechselwirkung mit anderen Menschen. So sind Gefühle immer auch Abbild unseres sozialen Umfelds – wie wir eine Situation bewerten, ist abhängig von gemeinsamen Normen und Werten, wie der folgende Erfahrungsbericht verdeutlicht.

> *»Mein Nachbar – ein betagter, aktiver Mann – hat mir am frühen Morgen beim Briefkastenleeren, bekleidet mit einem engen Nachthemd, nachgepfiffen. Es war nicht das erste Mal, dass er unangenehm wurde. Er begrapschte bereits andere Frauen im Quartier und fotografierte meine kleine nackte Tochter durch das Fenster. Gleichzeitig verteilte er mit seiner Gattin christliche Traktate. Die Kontaktaufnahme mit der Polizei war ergebnislos. In mir entstanden Gefühle des Ekels und Abscheus. Als ich ihm kurz darauf auf der Straße begegnete – nun nicht mehr im Nachthemd –, überkamen mich die Emotionen. Ich konfrontierte ihn ungeplant aggressiv und warnte ihn, zukünftig Distanz zu halten, oder er müsse mit Konsequenzen rechnen. Seither wechselt er hastig die Straßenseite, wenn er mich kommen sieht. Bei mir stellte sich Zufriedenheit ein, da ich ihm Grenzen gesetzt habe.«*

Abhängig von der Zeitepoche und Kultur werden Emotionen unterschiedlich bewertet und reguliert. In einigen Gesellschaften haben Menschen wenig Chancen, sich gegen Übergriffe zu wehren, während sie anderswo breite Unterstützung finden. In den einen Kulturen werden Emotionen laut und mit vollem

Körpereinsatz ausgelebt, während in anderen Zurückhaltung oberstes Gebot ist. Im Laufe unserer Sozialisierung verinnerlichen wir Regeln des Zusammenlebens und lernen, unsere Emotionen gemeinschaftskonform auszudrücken. Je nachdem, welchen Raum und welche Wertigkeit die Emotionen erhalten, entstehen unterschiedliche Gefühle gegenüber uns selbst und unserer Umwelt. Auch kleine Systeme unterliegen Normen und Werten. Beispielsweise prägen Eltern die kindliche Emotionsregulation (Seite 75). Auf der einen Seite erfahren Kinder so Gefühle wie Verbundenheit (wir teilen unsere Emotionen), Zufriedenheit (wir sind okay mit unseren Emotionen), Authentizität (wir zeigen Emotionen), Verlässlichkeit (wir wissen gegenseitig, woran wir sind), Sicherheit (wir lieben oder mögen einander, wie wir sind) und Integrität (ich werde geliebt und akzeptiert, wenn ich Grenzen setze). Auf der anderen Seite können sie belastende Gefühle kennenlernen, wie Entfremdung (wir fühlen weder uns selbst noch andere), Druck und Unterwerfung (Emotionen dürfen nicht sein), Minderwert, Integritätsverlust und Scham (trotz Verbot empfinde ich diese Emotionen, ich bin schlecht und falsch). All diese Erlebnisse prägen maßgeblich unser Menschenbild, Selbst- und Körpergefühl.

Das Selbstgefühl wiederum manifestiert sich dauerhaft körperlich. Es drückt sich in unserer Aufrichtung aus, zeigt sich in unserer nonverbalen Kommunikation und der Art, wie wir soziale Kontakte gestalten, es repräsentiert unser körperliches Wohlbefinden und spiegelt sich letztlich in unserer psychischen und körperlichen Gesundheit wider. Können wir unsere Gefühle erfassen, erkennen wir uns selbst. Wir merken, wie wir geistig unsere Emotionen regulieren, welche Normen und

Werte anderer wir übernommen haben und ob diese unsere Integrität einschränken.

KURZGEFASST Gefühle entstehen im Zusammenspiel von Emotionen, Geist und Umfeld. Sie sind also abhängig von unserer Emotionsregulation sowie von sozialen Normen und Werten. Wollen wir belastende Gefühle bearbeiten, können wir vielerorts ansetzen. Durch Malen, Schreiben, Gestalten, Improvisation mit Musik oder Bewegung können wir Gefühle ausdrücken und modulieren. Reflexion über kollektive Normen und unsere Werte sowie Emotionsregulation bieten ebenfalls Ansätze für Veränderung. Stressabbau und körperliche Reorganisation mildern belastende Gefühle.

Stellen Sie sich folgende Fragen zu erlernten Normen, Werten und Ihrer Identität. Schreiben Sie Ihre Antworten jeweils auf einen Zettel:
Was habe ich im Hinblick auf den Umgang mit Emotionen gelernt? Was gehört sich so?
Was ist mir persönlich wichtig im Leben? Welches sind meine Werte?
Wer bin ich im Kern meines Selbst?
Legen Sie die Zettel als sogenannte Bodenanker aus und stellen Sie sich nacheinander darauf. Visualisieren Sie die jeweilige Aussage und nehmen Sie Ihre Körperresonanz wahr. Was sagt Ihr Körper zu den erlernten Normen? Was sagt er zu Ihren Werten und Ihrer Identität?

→ Übersetzen Sie Ihre Körpersymptome (Download Körperbereich). Alle Anleitungen unter Körperresonanz dienen dazu,

Zugang zu Ihrem unterbewussten Wissen zu finden und stärkende Gefühle zu erzeugen.

> *»Ich bin böse, so hatte ich lange das Gefühl. Bis ich merkte, dass es in meiner Familie nicht willkommen ist, sich abzugrenzen, Belastungen beim Namen zu nennen und Emotionen auszudrücken. Wer Emotionen wie Schmerz, Wut und Angst ausdrückt, ist böse.«*

Belastende Gefühle bearbeiten

Gefühlszustände setzen sich also stets aus der Regulation und Bewertung unserer Emotionen sowie unseren Beziehungserfahrungen zusammen. Entsprechend finden sich verschiedene Ansätze, um belastenden Gefühlen heilsam zu begegnen. Wir können vier Bereiche belastender Gefühlszustände unterscheiden, die sich durchaus auch mischen können:

- Körpersymptome, das heißt belastende aktuelle Gefühle, die wir nicht als solche wahrnehmen und daher nicht abbauen können;
- unverarbeitete Gefühle unserer Kinder- und Jugendzeit;
- belastende Gefühle, die von anderen Menschen auf uns treffen oder die wir von ihnen übernommen haben;
- eingrenzende Gefühlsstrukturen, die wir zum Selbstschutz von unserem Bewusstsein abgespalten haben.

Die folgende Beschreibung soll helfen, zu belastenden Gefühlszuständen innere Distanz zu gewinnen. Damit lässt sich auch eine passende Technik auswählen, um intensive Gefühle abzumildern.

Nicht wahrgenommene Gefühle äußern sich in belastenden Körpersymptomen, zeigen sich in der Körperhaltung und nonverbalen Kommunikation. Dauerhaft unterbewusst empfunden, erzeugen sie körperliche und psychische Veränderungen. Auch belastende Glaubenssätze sind verbaler Ausdruck von nicht wahrgenommenen Gefühlen (siehe Seite 109). Ein Weg, um Gefühle ins Bewusstsein zu bringen, liegt in der Körperwahrnehmung und geduldigen Assoziation, bis wir sie spüren. Nehmen wir sie wahr, eignet sich jegliche Technik des emotionalen Stressabbaus, um sie abzumildern. Hinderliche Glaubenssätze können wir durch Affirmationen ersetzen, also überschreiben.

Spüren Sie belastende Körpersymptome, suchen Sie einen sicheren Ort auf, halten Sie Stirn und Hinterkopf, spüren Sie die Körpersymptome und nehmen Sie Ihre inneren Bilder und Gedanken dazu wahr. Welche Gefühle treten in Ihr Bewusstsein? Was erzählt Ihnen Ihr Körper?

→ Die Anwendung »Körpersymptome übersetzen« finden Sie im Download Körperbereich, Techniken des Stressabbaus im Emotionalbereich und die Anleitung zu stärkenden Gedanken (Affirmationen) im Mentalbereich.

»Ich brach in Tränen aus, als eine gute Freundin mir tief in die Augen schaute und fragte, was ich denn wirklich brauche. Ich war so berührt, dass mich jemand nach meinen tatsächlichen Bedürfnissen gefragt hat. 33 Jahre lang habe ich meine Gefühle – aufgewachsen in einer Familie mit einem größtenteils abwesenden Vater und einer emotional instabilen Mutter – unterdrückt oder mich so der Situation angepasst, dass es für alle

anderen angenehm war, nur nicht für mich. Die Frage meiner Freundin war ein Weckruf. Ich lerne seither immer besser, für das einzustehen, was ich brauche.«

Belastende Gefühle der Kindheit und Adoleszenz zeigen sich dadurch, dass Stress unmittelbar durch bestimmte Situationen ausgelöst wird. Unverarbeitete Stressbelastungen früher Jahre schränken unser vernünftiges Handeln akut ein und äußern sich als Wutausbrüche, Rückzug oder Erstarren (siehe auch Polyvagaltheorie, Seite 52). Unsere erwachsene Persönlichkeit hat sich in diesem Moment verabschiedet und wir scheinen unserem Handeln alternativlos ausgeliefert zu sein. Herausforderungen, die andere Erwachsene scheinbar mühelos bewältigen, stürzen uns in unlösbare Dilemmas, da wir gerade nur über die Möglichkeiten eines sieben- oder zwölfjährigen Kindes verfügen. Reflektieren wir in einem ruhigen Moment sich wiederholende Muster, können wir erkennen, dass wir uns oft in Rollen der Opfer, Täterinnen oder Rettenden wiederfinden. Wir fühlen uns komplett hilflos, tragen an allem die Schuld oder müssen unserem Gegenüber helfen.

Solche Stressoren der Kindheit und erlernte destruktive Beziehungsdynamiken zu erkennen und aufzulösen, wirkt enorm heilsam. Die Frage »Wie alt fühle ich mich gerade?« kann dabei helfen. Als erste Maßnahmen eignen sich emotionaler Stressabbau und die Kontaktaufnahme mit unserem verletzten Persönlichkeitsanteil. Während wir unsere Stirn liebevoll halten, können wir das Kind oder den Teenager in uns visualisieren, spüren und ihm zuhören. So integrieren und desensibilisieren wir die belastete Repräsentation. Hat sich unser Nervensystem beruhigt, können wir die Auslöser reflektieren und weitere Genesungsschritte einleiten. Gerade bei Themen, die nicht offensichtlich in der Gegenwart problematisch sind, wie ein negatives Körperbild, belastete Sexualität oder finanzielle Ängste, hilft es, deren Ursachen auszumachen. Wird uns bewusst, welche schmerzhaften Repräsentationen wir aus Kinder- und Jugendzeiten in uns tragen, können wir sie desensibilisieren. Als Erwachsene (Wolfsfrauen, -männer oder -wesen) sind wir in der Lage, unserem inneren Kind oder Teenager Selbstfürsorge zukommen lassen, gleichzeitig erschließen wir seine – unsere – wunderbaren Qualitäten, wie Spontaneität, Kreativität, Authentizität und Lebenskraft.

Fühlen Sie sich durch bestimmte Themen getriggert, so suchen Sie einen sicheren Ort auf. Ist dies nicht sofort möglich, trösten Sie Ihr inneres Kind innerlich und verabreden Sie sich später mit ihm. Legen Sie sich auf den Rücken und halten Sie Stirn und Hinterkopf. Stellen Sie sich Ihr inneres Kind vor. Wie sieht es aus? Was sagt es? Was braucht es? Nehmen Sie es in Ihrer Vorstellung in den Arm und lassen ihm alle Zuwendung und Liebe zukommen, die es braucht. So lange, bis es sich beruhigt hat.

→ Eine Meditation, um sich Ihrem inneren Kind zuzuwenden, finden Sie im Download Emotionalbereich.

»Schon als Kind habe ich die Absätze meiner Schuhe nach außen hin stark abgetragen. Meine Mutter sagte, das komme daher, weil ich zu dick sei. Was habe ich mich dafür geschämt! Aufgelöst hat sich dieser Glaubenssatz nie, auch nicht, als ich später stark untergewichtig war und die Absätze meiner Schuhe immer noch auf die gleiche Art ablief.«

Belastende Persönlichkeitsanteile können wir daran erkennen, dass Emotionen lange anhalten, mit überwältigenden Gefühlen, Glaubenssätzen und Verhaltensweisen verwoben sind und sehr viel Raum in uns einnehmen. Sie lassen sich mit emotionalem Stressabbau nicht auflösen und erscheinen uns als unumstößliche, nicht änderbare Charaktereigenschaften. Solche emotional besetzten Persönlichkeitsanteile z. B. der Angst, Wut, Depression oder des Minderwerts entwickeln wir unbewusst im Dienst unseres inneren Gleichgewichts, da wir uns vor seelischen Erschütterungen, Schmerzen und Beziehungsverlust schützen wollen. Lieber stellen wir unsere Motivation und Handlungsfähigkeit ein, als stets kritisiert zu werden und nie zu genügen. Ein Persönlichkeitsanteil der Depression stellt gefühlt das kleinere Übel dar und schützt uns vor Abwertung und Stress. Solch belastende Persönlichkeitsanteile können wir als innere Teammitglieder begreifen, die einst dazu beitrugen, das Leben bestmöglich zu bewältigen. Oft sind sie jedoch noch lange nach ihrer eigentlichen Notwendigkeit aktiv.

> *»Ich habe Angst davor, dass ich gesund werde, oder gar davor, dass es mir besser geht. Wenn ich gesund bin, muss ich Entscheidungen, die mir jetzt abgenommen werden, selbst treffen. Gesund bin ich langweilig und nichts Besonderes mehr.«*

Lernen wir unsere belastenden inneren Teammitglieder besser kennen und verstehen ihre Anliegen, können wir mit ihnen einen bewussten konstruktiven Umgang finden. Wir können beispielsweise das innere Teammitglied der Angst fragen, was es bezweckt, und von ihm erfahren, dass es uns schützen will vor einer (weiteren) Erschütterung. Erkennen wir, dass die

Gegenwart ungefährlich ist, da wir beispielsweise erwachsen sind, können wir den Persönlichkeitsanteil der Angst beruhigen und ihn von seinem Auftrag entbinden. Danach lassen sich restliche emotionale Stressoren einfacher auflösen.

Nehmen Sie Persönlichkeitsanteile wahr, die Ihrem Genesungsweg entgegenstehen, so lernen Sie diese besser kennen. Stellen Sie sich vor, die Angst oder Wut sitzt Ihnen gegenüber. Was erzählt sie Ihnen? Wozu ist sie nützlich? Vielleicht gestalten oder schreiben Sie in Ihr Notizbuch.
Haben Sie erfahren, wozu Ihnen der belastende Persönlichkeitsanteil dient, so bedanken Sie sich. Sagen Sie beispielsweise der Angst: »Danke für den Schutz vor weiteren Schmerzen.« Sagen Sie ihr auch, dass dieser Schutz jetzt nicht mehr notwendig, sondern schädlich ist. Lösen Sie den Persönlichkeitsanteil der Angst in Gedanken oder durch ein passendes Ritual auf.

→ Nutzen Sie die Anwendung »Das innere Team« im Download Emotionalbereich, um Ihre Persönlichkeitsanteile kennenzulernen.

Verinnerlichen wir Belastungen oder negative Einflüsse anderer, wie Lebensanschauungen oder Abwertung, erzeugt dies schmerzhafte Gefühle. Wir können solche sogenannten Introjekte daran erkennen, dass Gefühle mit Gedanken an bestimmte Personen oder Gruppen verknüpft sind (Paulsen 2014). Während wir uns beispielsweise unfähig oder ausgeliefert fühlen, hören wir die abwertenden Kommentare, sehen die abweisenden Blicke oder fühlen Misshandlungen körperlich. So kann uns ein verinnerlichter Lehrer bei neuen Herausforderungen noch heute ins Ohr flüstern, dass aus uns nichts werden wird.

Manche Themen werden über Generationen weitergegeben und beeinflussen das Beziehungsverhalten einer Familie. Aus großer Entbehrung können z. B. Wertvorstellungen wie »Wohlstand sichern ist alles, Gefühle sind (ver-)störend« entspringen. Kinder übernehmen die unverarbeiteten Belastungen ihrer Bezugspersonen oft aus Mitgefühl und stabilisieren so die Familiendynamik. Emotional tief verbunden mit ihren Nächsten, ohne Reflexionsmöglichkeit und mit einer wenig definierten Identität, erfahren sie sich durch Beziehung. Sie fühlen ihr Gegenüber als eigene Realität und somit auch dessen Ballaste als die eigenen (siehe auch Seite 122).

»Meine Eltern sind die Nachkriegsgeneration. Bereits ihre Eltern haben als Kinder und Jugendliche viel Entbehrung erlebt, und auch sie mussten früh viel arbeiten und mithelfen. Sie setzten alle Kraft in den Wiederaufbau für ihre Nachkommen und in die Grundversorgung ihrer Kinder. Ihre Lebensthemen waren: ›Ich muss hart zu mir sein und arbeiten, um etwas zu erschaffen.‹ ›Erst die Arbeit, dann das Vergnügen.‹ ›Emotionen gibt es nicht, man muss sich zusammenreißen.‹ Das haben sie auch mir beigebracht.«

»›Ich bin nicht gut, so wie ich bin‹ – diesen Glaubenssatz habe ich von meiner Mutter übernommen. Es ist ihr Lebensthema, nicht meines. Doch es hat lange Zeit gebraucht, bis ich das in der Therapie anschauen konnte. Was aber nicht heißt, dass ich nicht auch heute noch hin und wieder in diese ›Falle‹ tappe.«

»Ich wollte die Probleme meiner Mutter lösen. Eines davon war deren Beziehung zu ihrer Mutter, deshalb meldete ich uns

beide zu einer Familienaufstellung an. Die Kursleiterin sagte mir, dass ich nur meine eigenen Probleme lösen könne. Während der Aufstellung zeigte sich, dass ich die Rolle des Kindes einnehmen darf und meinen Bezugspersonen die Verantwortung für deren Probleme zurückgeben kann. Heute setze ich meine Energie für mich selbst ein und darf so auch Wegbegleiterin für andere sein.«

Werden wir uns solcher Introjekte bewusst, wirkt emotionaler Stressabbau nur bis zu einem gewissen Grad und bei persönlichen Themen. Verinnerlichte Belastungen anderer lassen sich damit nicht abmildern. Daher sind Gefühle der Hoffnungs- und Machtlosigkeit wie »es gibt keine Lösung« bei Introjekten oft vordergründig. Wird uns bewusst, dass wir die Schmerzen anderer verinnerlicht haben, können wir sie im Geiste an unsere Mitmenschen zurücksenden. Dies wirkt meist unmittelbar befreiend auf Körper und Seele.

KURZGEFASST Wir können unsere Mitmenschen durch die Spiegelneurone (Seite 125) fühlen und deren Realität als sogenannte Introjekte verinnerlichen. Förderliche Introjekte sind beispielsweise die Mutter, die Mut macht, oder der Psychotherapeut, der an uns glaubt. Auch belastende Introjekte wirken in uns nach und beeinflussen unser Gefühlsleben. Wir können sie erkennen und bearbeiten.

Das folgende Ritual aus dem Schamanismus ist eine Möglichkeit, ein bewusst gewordenes Introjekt loszulassen. Sie können auch selbst ein Ritual entwickeln – wichtig ist, dass Sie sich damit identifizieren können. Es gibt beispielsweise Menschen, die setzen Personen, die mit dem Introjekt verbunden sind, gedanklich in ein Taxi und lassen dieses wegfahren. Andere bauen geistig kleine Boote und lassen diese mitsamt dem Introjekt auf dem Fluss davonschwimmen.

Suchen Sie einen Ort Ihres Wohlgefühls auf. Wenden Sie eine Technik des Stressabbaus an. Setzen Sie sich sodann aufrecht hin und stellen Sie eine Kerze (auch Blume oder Stein) eine gute Armlänge entfernt vor sich hin. Danken Sie der Kraft, mit der Sie sich verbunden fühlen, für ihre Hilfe. Visualisieren Sie die Person, deren Präsenz sie belastet, auf der anderen Seite der Kerze. Was passiert in Ihrem Körper? Visualisieren und benennen Sie die Belastung, die Sie beide verbindet. Trennen Sie diese im Geist mit einem Messer oder Schwert durch. Geben Sie Ihrem Gegenüber im Geist dessen Anteile, Probleme, Emotionen oder Übergriffe zurück. Senden Sie der Person Gedanken von Klarheit, Abgrenzung und Heilung. Danken Sie ihr für den Besuch und bitten Sie sie zu gehen. Öffnen sie das Fenster und lassen Sie frische Luft einströmen, vielleicht reinigen Sie den Raum mit Räucherwerk. Halten Sie Ihre Eindrücke gestaltend in Ihrem Notizbuch fest.

→ Atemarbeit verbunden mit Imagination finden Sie im Download Körperbereich. Diese kann helfen, nach der Gegenüberstellung den eigenen Raum und die Genesung zu visualisieren.

Angenehme Gefühle fördern

Leiden wir unter einer psychischen Belastung, nehmen wir meist vor allem die Aspekte unseres Selbst und Umfeldes wahr, an denen wir scheitern und die uns schwerfallen. Verweilt unsere Aufmerksamkeit zu lange auf unseren Schwierigkeiten, verwenden wir unsere gesamte Energie auf unsere Defizite und fühlen Mangel. Selten dringt in unsere Wahrnehmung, wofür wir dankbar sein können, was wir können und was funktioniert, worauf wir bauen und stolz sein dürfen. Und davon gibt es – auch in den bedrückendsten Biografien – eine Menge.

Jeder Mensch verfügt über die Fähigkeit, Gefühle wahrzunehmen, die motivieren und Kraft geben. Lenken wir unsere Aufmerksamkeit auf neue Inhalte, kann dies angenehme Gefühle auslösen. Beispielsweise können Abwechslung (einen anderen Arbeitsweg wählen), Bewegung (dafür das Rad nehmen), soziale Kontakte (mit Kolleginnen und Kollegen fahren), Dinge, die uns interessieren (eine Ausstellung oder ein Theater besuchen), sinnliche Genüsse (danach gemeinsam gut essen) und neue Lernerfahrungen (über die Ausstellung nachdenken) angenehme Gefühle erzeugen. So schaffen wir kurzfristig Distanz zu unserem Krisenerleben und den Anstrengungen des Genesungswegs – um diese Distanz kontinuierlich auszudehnen.

GUT ZU WISSEN

Die Energie folgt der Aufmerksamkeit, die Aufmerksamkeit folgt der Energie

Unser Gehirn fokussiert Gefahren und Belastungen stärker als Ressourcen, Fähigkeiten und Errungenschaften, um das Überleben zu sichern (Steinle 2015). So wären Menschen wohl ausgestorben, hätten sie ihre Erfolge übermäßig gefeiert und Naturgewalten und Fressfeinde ausgeblendet. In psychischen Krisen kann diese biologische Neigung dazu führen, dass wir uns selbst und die Welt zu negativ wahrnehmen. Ressourcen, positive Aspekte und Handlungsspielräume sind jedoch in uns selbst und in unserem Umfeld sehr wohl vorhanden. Sie zu sehen, braucht Bewusstsein und Übung und wird idealerweise zu einer Gewohnheit.

Lernen wir, Belastungen zu bearbeiten, uns aber auch bewusst von diesen zu distanzieren, finden wir eher zu Lösungen und Kraft – wir werden selbstwirksam. Allein der Gedanke an schöne Erinnerungen und Bilder vermittelt Wohlgefühl. Frederick, der Mäuserich, konnte beispielsweise durch Geschichten und Lieder bei seinen Mitmäusen Hoffnung, Freude und Glück erzeugen. Auch in Trauersituationen kann es hilfreich sein, sich glückliche Tage mit der verstorbenen Person oder dem verstorbenen Haustier in Erinnerung zu rufen. Werden wir fähig, die psychische Dynamik von Emotionen und Gefühlen wertfrei zu erkennen, können wir diese sinnvoll regulieren. Angenehme Gefühle bringen uns in Bewegung und vermitteln Lebendigkeit.

GUT ZU WISSEN

Wir können angenehme Gefühle fördern (Fredrickson 2001)

Liebe entsteht, wenn wir in Beziehung mit Menschen sind, die in uns Sicherheit und Wohlgefühl erzeugen. Auch die Beziehung zu Tieren und der Natur bewirkt Liebe und Verbundenheit.

Ehrfurcht entsteht, wenn wir beispielsweise die Weite des Himmels, die Sterne und die Farben des Sonnenuntergangs betrachten oder die Exzellenz menschlicher Errungenschaften wahrnehmen.

Vergnügen entsteht, wenn wir – meist in sozialer Gemeinschaft – spielen, lachen und befriedigende Dinge tun.

Inspiration entsteht, wenn wir offen sind, uns vom Leben auf angenehme Weise berühren zu lassen und unsere Eindrücke auf persönliche Weise in Handlung umsetzen.
Hoffnung entsteht, wenn wir unter schwierigen Umständen zu unserer seelischen Stärke finden und uns innerlich auf Heilung ausrichten.
Interesse entsteht, wenn wir uns sicher fühlen und Neues erforschen können.
Heiterkeit und Gelassenheit entstehen ebenfalls in sicherer, stressfreier Umgebung, wenn wir von Anstrengung ablassen und uns entspannen können.
Dankbarkeit entsteht, wenn wir unerwartet Erfreuliches geschenkt bekommen, wenn sich unsere Befürchtungen nicht bewahrheiten oder wir unsere Aufmerksamkeit auf die Geschenke des Lebens richten.
Freude entsteht, wenn wir uns sicher fühlen, bei Spiel, positiven Lernerlebnissen und in erfüllender sozialer Gemeinschaft.

Welche dieser Emotionen spricht Sie gerade an? Mögen Sie dazu reflektieren, schreiben oder gestalten? Vielleicht mögen Sie sich konkrete Ideen überlegen, wie Sie diese Emotion öfter in Ihrem Leben erfahren können.

Gefühle bilden sich, indem wir unsere Emotionen bewerten. Freude und Leiden entwickeln sich damit nicht nur durch die Geschehnisse selbst, indem sie unser körperliches Stresserleben beeinflussen, sondern auch durch die Bedeutung, die wir ihnen beimessen. Mit einer einfachen Technik, dem sogenannten Reframing, können wir unsere Erfahrungen neu bewerten, um angenehme Gefühle zu empfinden. Durch das »Aufsetzen einer neuen Brille« gegenüber einer stressbelasteten Situation, verbunden mit Selbstmitgefühl, wandeln sich auch unsere diesbezüglichen Gefühle (Bandler, Grinder 2010). Wir geben unseren emotionalen Erfahrungen einen neuen Rahmen (engl. frame), also eine neue Bedeutung, und erzeugen damit andere Gefühle. Eine positive, wohlwollende Brille können wir aufsetzen, indem wir entweder die Bedeutung oder den Kontext einer Situation umdeuten. Zwei Beispiele:

Situation: Wenn mein Partner grimmig guckt, fühle ich mich schuldig und denke, ich habe etwas falsch gemacht.
Reframing durch Nachfragen: Ich nehme die Mimik meines Gegenübers wahr. So frage ich: »Ich sehe, dass du finster guckst. Magst du mir erzählen, was los ist?«
Reframing durch Umdeuten: Ich denke: »Mein Partner hat derzeit Sorgen und ist angespannt. Seine Mimik hat vermutlich damit zu tun.«

Situation: Ich bin viel zu perfektionistisch bei der Arbeit und brauche daher viel Zeit.
Reframing durch Nachfragen: Ich frage Arbeitskolleginnen und Familienmitglieder, in welchen Situationen sie meine Genauigkeit und Perfektion schätzen oder schon geschätzt haben.
Reframing durch Umdeuten: Ich bin sehr genau und gehe meinen Aufgaben gewissenhaft nach. Daher eigne ich mich für Aufgaben, die exakt und fehlerfrei umgesetzt werden müssen.

KURZGEFASST Wir neigen naturgemäß dazu, Belastungen und Defizite zu fokussieren. Angenehme Gefühle sind jedoch ein wesentlicher Faktor von Genesung und müssen bewusst kultiviert werden. Wir verfügen über die Möglichkeit, durch neue Impulse förderliche Gefühle zu erzeugen und Situationen wohlwollend umzudeuten. Damit entsteht ein neues Selbstgefühl.

Nehmen Sie in den kommenden Tagen Situationen wahr, die Sie durch eine neue Brille betrachten wollen. Stellen Sie sich folgende Fragen: Ist dies die einzig mögliche Deutung dessen, was gerade geschieht? Was ist das Liebevollste und Positivste, das ich über die Situation, mich oder mein Gegenüber denken kann? Wie würde meine beste Freundin, mein bester Freund oder eine wohlgesinnte Person darüber denken? Halten Sie Ihre Gedanken schreibend oder gestaltend fest.

→ Bearbeiten Sie Ihr Selbstbild mit den mentalen Anleitungen »Blind Spot« und »Glaubenssätze kennenlernen« im Download.

Die Gefühlswelt im Überblick

Emotionen und Gefühle repräsentieren unsere innere Welt und sind eng mit unserer Biografie, äußeren Umständen, Mitmenschen, Glaubenssätzen und der Art, wie wir Situationen betrachten, verwoben. Während Emotionen uns kurzfristig über Bedürfnisse, Sicherheit und Gefahr informieren, erzählen Gefühle längerfristig davon, wie wir gedeihen.

Im Umgang mit Emotionen und Gefühlen helfen Techniken des emotionalen Stressabbaus. Nützlich ist auch, die Ursprünge von Gefühlszuständen wahrzunehmen, sich mit dem inneren Kind zu verbinden, sich von Belastungen anderer zu trennen oder einschränkende Gefühlsstrukturen aufzulösen. Auf diese Weise entsteht Erleichterung und Platz für Neues.

Angenehme Emotionen und Gefühle können wir durch positive innere Bilder und neue Impulse fördern. Mithilfe von Reframing geben wir Situationen eine neue Bedeutung. So lenken wir unseren Fokus auf die Potenziale und Genesung. Nicht alle vorgestellten Ansätze können dabei stets im Auge behalten werden – dies würde in Überforderung münden. Vielmehr ist das grundlegende Vertrauen wichtig, dass in uns Selbstwirksamkeit schlummert und wir die Ressourcen haben, darauf zuzugreifen.

Die Verknüpfung von körperlich gespeicherten Erfahrungen, Sinnesempfindungen, Emotionen und Gefühlen erzeugt Intuition (Storch 2016). Sie entsteht in der Mitte unseres Gehirns, im emotionalen Zentrum, dem limbischen System. Intuitiv entscheiden wir nach dem Lustprinzip: »Das fühlte sich gut an – das will ich« oder »Das fühlte sich schlecht an – das will ich nicht«. Damit können wir spontan und sehr viel schneller (innerhalb von 0,2 Sekunden) auf Unvorhergesehenes reagieren, als dies durch rationales Abwägen möglich wäre. Durch unsere Intuition sichern und sicherten wir seit Jahrtausenden unsere Existenz. Wollen wir die Welt jedoch durch eine andere Brille betrachten und neue Erfahrungen machen, müssen wir unsere Intuition mit der Rationalität verbinden.

Im nächsten Kapitel verdeutlichen wir, wie wir unsere Gedanken und mentale Kraft nutzen können, um positiv auf unsere Lebensqualität und Selbstheilung einzuwirken.

Der menschliche Geist als Quelle der Klarheit

Spätestens wenn wir uns mit unseren Gefühlen beschäftigen, wird deutlich, wie sehr unser geistiges Tun auf unser Befinden einwirkt. Erinnern wir uns beispielsweise an die Technik des Reframings oder an das »Aufsetzen einer neuen Brille«: Was wir denken, beeinflusst direkt unsere Gefühlsbildung und die Art und Weise, wie wir mit unseren Emotionen umgehen. Geistige Tätigkeit hat damit eine nachweisliche messbare Wirkung auf unseren Körper. Wohltuende innere Bilder, gute Gedanken und schöne Erinnerungen vermögen, unsere Herzfrequenz von einem chaotischen zu einem harmonischen Zustand zu beruhigen (McCraty u.a. 2009).

Verbinden wir unseren Geist – auf verschiedene Weisen – mit unserem Körper, eröffnet uns dies zahlreiche Möglichkeiten der Selbstwirksamkeit. Wir werden unser selbst bewusst, lernen, Entspannung einzuleiten und unsere Emotionen zu regulieren sowie unsere inneren Bilder und Körpersymptome subjektiv zu deuten. Unsere mentale Tätigkeit lässt sich grob in fünf Bereiche einteilen, die allesamt Ressourcen für unsere Genesung beinhalten: Rationalität, unter- und teilbewusste Gedanken, Kreativität und Spiritualität.

GUT ZU WISSEN

Unser Geist hält verschiedene Ressourcen bereit

Rationalität ermöglicht uns sachbezogenes, analytisches Denken. Mit ihrer Hilfe erheben wir die Ursache von Problemen sowie die Machbarkeit und Effizienz von Lösungsansätzen. Wir betrachten Herausforderungen vernünftig, können Emotionsüberflutungen durch einen Realitätscheck abfangen, aus der Vergangenheit auf die Zukunft schließen und einer zielgerichteten Entwicklung folgen. Durch Rationalität finden wir naheliegende, realitätsbezogene Lösungen und können unsere Entwicklung bewusst steuern.

Unter- und teilbewusste Gedanken sind unsere mentalen Konzepte der Selbstorganisation. Sie entwickeln sich, sobald wir als Kinder denken lernen, damit wir uns in komplexen Umfeldern orientieren können. So sind sie der verbalisierte Ausdruck von Gefühlen gegenüber uns selbst und der Welt. Sie zu kennen – und belastende oder einschränkende Gedanken bei Bedarf zu wandeln –, ist wichtig für unseren Genesungsprozess.

Spiritualität (mit und ohne religiösen Hintergrund) meint den geistigen Zustand, in dem wir mit allem Seienden verbunden sind. Sie beinhaltet Achtsamkeit und Präsenz gegenüber uns selbst und anderen. Durch Entspannung und Sinnesempfindungen können wir mit der Lebenskraft in Verbindung treten, aus der wir hervorgegangen sind. Spiritualität ermöglicht, die Seele zu heilen, unserem Leben Sinn zu geben und unsere Lebensaufgabe zu finden, um sie vertrauensvoll anzugehen. Spiritualität bringt Neues in die Welt.

Kreativität zeichnet sich durch fluide, frei fließende Gedanken und neue Verknüpfungen von Inhalten aus. In ihr können sich Geisteszustände der Rationalität und Intuition, des Unterbewussten und der Spiritualität vereinen. So unterstützt entspanntes, kreatives Denken und Handeln die Entwicklung und Lösungsfindung. Durch Kreativität sind wir mit unserem Selbst verbunden, können Gefühle modulieren, unser Inneres ausdrücken und Neues erschaffen.

Nehmen Sie wahr, welche mentalen Qualitäten Sie gut kennen und welche Ihnen weniger bedeuten. Welche haben Sie im Laufe Ihrer Entwicklung kultiviert? Gibt es solche, an deren Sinnhaftigkeit Sie zweifeln? Was könnten Sie durch das Aneignen neuer mentaler Fähigkeiten gewinnen? Wo zieht es Sie hin?

Arbeiten Sie intuitiv mit den vier geistigen Qualitäten. Schreiben Sie alles, was Ihnen dazu in den Sinn kommt, jeweils auf ein Blatt Papier. Stellen Sie sich entspannt auf jeden dieser Bodenanker und nehmen Sie Ihre Körperempfindungen, inneren Bilder und Gedanken wahr.

In den folgenden Abschnitten beschreiben wir die einzelnen Qualitäten unseres geistigen Tuns und ihren Nutzen für die Selbstheilung genauer.

Rationalität – unsere vernünftige Begleiterin

Rationalität ermöglicht uns, Themen sachlich zu betrachten. Wir können Forschungsergebnisse für unsere Genesung nutzen, Wissensinhalte – beispielsweise dieses Buches – auf uns selbst beziehen und analysieren, wie diese mit unserer subjektiven Realität zu vereinbaren sind. Auch können wir Ursachen und Wirkung erkennen, neutrale Urteile fällen und vernünftige Entscheidungen treffen. Rationalität wird in den Frontallappen unseres Gehirns erzeugt, also hinter der Stirn. Sie hilft uns, unser Bauchgefühl wahrzunehmen und zu erkennen, ob wir diesem folgen sollen oder ob hinderliche Muster oder alte Stressoren aktiviert sind. Erinnern Sie sich an den Erfahrungsbericht der abgetretenen Schuhe (Seite 93)? Sind wir von Abwertung betroffen, hilft uns die Rationalität. Sie hilft, Unrecht auszumachen, Selbstmitgefühl aufzubauen und Scham abzumildern. In diesem Falle können wir uns sagen, dass Schuhe immer – egal wie schwer wir sind – entsprechend der Art, wie wir Becken, Beine und Füße nutzen, abgewetzt werden. Aus keinem anderen Grund.

Rationales Denken entwickelt sich im Laufe unseres Lebens. Angeeignete Wissensinhalte (z.B. aus Psychologie, Neurologie und Biologie) dienen uns bei Emotionsüberflutungen als rationale Anker. Durch vernunftgeleitetes Denken werden wir fähig, eine liebevoll beobachtende Position gegenüber unseren Emotionen und Empfindungen sowie anderen Menschen einzunehmen.

Denken Sie an Ihre Belastungsinhalte. Fühlen Sie diese körperlich und nehmen Sie wahr, welche Emotionen und Gefühle damit verbunden sind. Stellen Sie sich vor, Sie wechseln den Platz und lassen die Belastungen auf dem Stuhl zurück. Tun Sie es. Stehen Sie auf und lassen Sie im Geiste die Belastung auf dem Stuhl zurück. Wie fühlen Sie sich auf dem neuen Stuhl, ohne Belastung? Blicken Sie von außen liebevoll auf die Belastung und sich selbst. Stellen Sie sich vor, Sie sind ein Ihnen wohlgesinntes Wesen, ein Freund, eine Therapeutin. Was sehen Sie? Was stärkt und würdigt Sie am meisten?

Verbinden wir rationale Betrachtungen mit dem Emotionalbereich und der Körperwahrnehmung, entsteht ein mehrdimensionaler Raum, durchlässig für Instinkt und Intuition. Fühlend und denkend können wir beispielsweise erkennen, dass unsere Essprobleme im familiären Kontext stehen oder dass wir unser negatives Körperbild von einer Bezugsperson übernommen haben (siehe Erfahrungsbericht Seite 93). Die Verbindung von Geist und Emotionen ermöglicht, unser inneres Kind zu trösten und mit ihm ein neues Selbstbild aufzubauen.

»Wenn ich wieder einmal im Denken ›Ich bin dick‹ gefangen bin, hilft mir eine kurze Meditation, um aus dieser Befangenheit herauszufinden. Ich wende mich meinem inneren Kind zu, dem gesagt wurde, es sei dick, entspräche nicht dem Ideal. Dieses verletzte Menschenkind nehme ich in den Arm und flüstere ihm zu, dass es gut ist, so wie es ist, dass es nichts zu ändern braucht, weil es geliebt wird, egal wie es äußerlich auftritt.«

→ Beispielweise mit Bewegung in der Natur oder Atemarbeit können Sie Geist und Körper in Einklang bringen. Der Muskelselbsttest hilft unserem Geist, Stressauslöser zu erkennen.

Unter- und teilbewusste geistige Tätigkeit

Seit Anbeginn unseres Lebens empfinden und fühlen wir. Erst mit zunehmender Reifung des Großhirnes entwickeln wir unser Denken, und damit neue und komplexere Verhaltensweisen. Wir können also sagen, dass alles Gedachte ursprünglich Gefühl war. Somatische Marker, Emotionsregulation und Gefühle entstehen vor den Gedanken und stehen mit diesen in unmittelbarem Zusammenhang. Sie bilden teilbewusste geistige Tätigkeiten wie Glaubenssätze, Schemata und unser Selbstbild, die konstruktive, aber auch destruktive Muster aufweisen können und die alle auf unser Verhalten einwirken.

Glaubenssätze Unser Denken entwickelt sich eingebettet in unsere Lebenswelt und unsere sozialen Beziehungen. Früh geschieht es, dass wir uns vergleichen (ich kann das schlechter oder besser als andere), uns selbst definieren und einschränken (ich bin so und nicht anders), nach Ursache und Wirkung (wenn ich dies tue, geschieht jenes) sowie nach zeitlichen Zusammenhängen suchen (habe ich das erledigt, wird es besser). Solches Erfahrungswissen legen wir als Gedankenbausteine oder Glaubenssätze in unserem Gehirn ab.

Glaubenssätze befähigen uns, persönliche Eigenschaften in Sekundenschnelle abzurufen und unser Verhalten sinnvoll zu steuern. Sind Glaubenssätze stärkend, setzen sie eine Positivspirale in Gang und steigern unseren Selbstwert. Lernt beispielsweise ein Mädchen Klavierspielen und wird bei Auftritten in der Musikschule von Eltern, der Klavierlehrerin und Verwandten für ihr Talent gelobt, bildet sich der Glaubenssatz »Ich bin musikalisch und kann andere damit begeistern«. Fortan kann das Mädchen mit diesem Wissen in die Welt hinaus gehen und sich vielleicht zur Pianistin entwickeln. Gegenteilig verhält es sich mit belastenden Glaubenssätzen. Wird beispielsweise ein Junge als Kind emotional vernachlässigt, kann sich der Glaubenssatz »Niemand ist für mich da und spürt meine Verzweiflung« festigen. Dies kann dazu führen, dass der Junge im Laufe seines Lebens keinen emotionalen Kontakt eingeht. Sein Gehirn erkennt Menschen aus Erfahrung als Nahestehende, die zu seinem Glaubenssatz passen, also solche, die ihm emotional fernbleiben.

Glaubenssätze beruhen auf Erfahrung und können zu Negativspiralen führen. Um neue Erlebnisse zulassen zu können, lohnt es sich, belastende Glaubenssätze zu erkennen und mit positiven Gegenstücken (Affirmationen) zu ersetzen. Eine Affirmation zum vorherigen Beispiel könnte lauten: »Ich bin liebenswert und finde Trost.« Werden Affirmationen emotional und körperlich verankert, dienen sie uns auf dem Genesungsweg als Ziele und Navigationshilfen. Bevor wir beispielsweise eine neue Beziehung eingehen, können wir innehalten und abgleichen, ob diese Person mit unserem Wunsch übereinstimmt. Schenkt sie mir liebevolle Zuwendung oder bleibt sie mir emotional fern und entspricht damit meinem alten Muster?

KURZGEFASST Glaubenssätze sind unter- bis teilbewusste Überzeugungen, die uns helfen, die Komplexität aller Erfahrungen zu reduzieren und unsere Handlungen sinnvoll zu steuern. Belastende Glaubenssätze, entstanden aus Erfahrung, können unsere Entwicklung negativ beeinflussen. Auf unserem Genesungsweg ist es hilfreich, hinderliche Glaubenssätze zu erkennen und mit verkörperten Affirmationen zu ersetzen.

Versuchen Sie, eine wiederkehrende Belastung nicht nur zu fühlen, sondern sprachlich auszudrücken. Welche geistige Realität steht hinter Ihrem Gefühl? Achten Sie in der nächsten Zeit auf wiederkehrende Zustände und versuchen Sie, Ihre belastenden Glaubenssätze zu erkennen. Formulieren Sie eine positive Affirmation.

→ Die Techniken »Belastende Glaubenssätze auflösen« und »Stärkende Gedanken – Affirmationen« finden Sie im Download Mentalbereich.

»Lange litt ich unter belastenden Glaubenssätzen wie: ›Ich bin nicht gut genug‹, ›Ich kann das nicht‹. Ich dachte, dass ich meine Ziele nie erreichen würde, fühlte mich hoffnungslos und ohnmächtig. Mit mentalem Training konnte ich meine Identifikation mit den Glaubenssätzen auflösen. Ich nutze innere Dialoge, z. B. mit meinem inneren Coach, der mir meine Stärken aufzeigt und mich ermutigt, selbstbewusst meinen Weg zu gehen.«

Schemata Durch Erfahrungen entwickeln wir im Laufe unseres Lebens Grundeinstellungen, also Schemata uns selbst und anderen gegenüber. Diese können wir, wie die Glaubenssätze, als geistige Muster verstehen, mit denen wir uns in der Welt orientieren. Schemata sind mit somatischen Markern und Gefühlen verbunden, wirken vorwiegend unterbewusst und können zu unflexiblen geistigen Haltungen werden. Beispiele sind: »Schlanke Menschen sind wertvoller als übergewichtige«, »Frauen sind fähig zu Multitasking«, »Männer sind unselbstständig«, »Psychische Erkrankungen entstehen durch persönliches Versagen«, »Eltern sind schuld am Verhalten ihrer Kinder«, »Männer sind handwerklich begabt«, »Wer nicht aufgibt, erntet Erfolg«, »Nur wer leistet, ist etwas wert«.

Schemata können funktional, also unterstützend, oder dysfunktional, das heißt zerstörerisch in uns wirken. Aufgrund von Schemata reagieren Menschen auf dasselbe Ereignis unterschiedlich, indem sie eine emotionale Erfahrung verschieden deuten. Löst ein Themenbereich bei uns stereotypes, stets gleiches Fühlen und Verhalten aus, bedienen wir uns bei dessen Einordnung meist eines Schemas. Eine Person, die z. B. in einer von Neid und Konkurrenz geprägten Familie aufwuchs, muss durch Reframing (Seite 101) lernen, sprichwörtlich »eine neue Brille aufzusetzen«, um freundschaftliches Messen als förderliche soziale Qualität zu erkennen.

GUT ZU WISSEN

Durch Reframing können wir dysfunktionales Schematisieren wandeln (nach Hautzinger 2013)

Personalisieren: Wir beziehen Ereignisse der Außenwelt – auch solche, die nichts mit uns zu tun haben – stets auf uns selbst. »Sie war unfreundlich. Also findet sie mich doof!«
Reframing: »Vielleicht hat sie einen schlechten Tag, Schmerzen oder ist grundsätzlich launisch.«

Polarisieren: Wir teilen die Welt in nicht zu vereinbarende Gegensätze von Gut und Böse ein. »Sie ist böse! Ihretwegen werde ich krank!«
Reframing: »Sie steht stark unter Druck und ist kein böser Mensch. Ich lerne, mit meinen Themen selbstfürsorglich umzugehen.«

Selektive Abstraktion: Wir lösen Ereignisse aus ihrem Kontext heraus und bewerten sie übermäßig. »Der ganze Ausflug war versaut, da ich die Zimtschnecken vergessen habe einzupacken.«
Reframing: »Nur weil ich etwas vergessen habe, ist nicht der ganze Ausflug versaut. Er war in vieler Hinsicht sehr schön.«

Verallgemeinerung: Wir verallgemeinern Einzelereignisse und empfinden sie als pausenlos und omnipräsent. »Immer geraten wir in Streit!«
Reframing: »Wir haben in 13 Tagen ein einziges Mal gestritten. Abgesehen davon war es schön.«

Übertreibung: Wir dramatisieren Ereignisse. »Es ist zu schlimm! Ich überlebe das nicht!«
Reframing: »Ich nehme meinen Schmerz wahr und lasse ihn verebben. Ich bin fähig zu Regeneration.«

Ungünstige Schemata wirken belastend, da wir mit ihnen unser Erleben stereotyp, starr und unflexibel einordnen. Sie erzeugen Emotionen und Verhaltensweisen, die uns von der sozialen Umwelt und positiven Erfahrungen entfernen und in Rückzug, Traurigkeit, Einsamkeit, Selbstmitleid und Schuldzuweisungen münden. Es hilft folglich, unsere kategorisierenden Bewertungsmuster zu reflektieren.

KURZGEFASST Im Laufe des Lebens eignen wir uns Schemata, also Bewertungsmuster an, um schnell und zielorientiert zu handeln. Dabei wählen wir nicht immer Strategien, die sinnvoll und wertschätzend gegenüber uns selbst und anderen sind. Für unsere Genesung ist es wichtig, dass wir starre negative Muster von Denken und Verhalten erkennen. Reflexion und Perspektivwechsel ermöglichen uns Reframing, wir können Erfahrungen und Situationen neu und flexibel bewerten. Denken wir oft neue, friedvolle Gedanken gegenüber uns selbst und anderen, manifestieren sich diese in unserem Gehirn und werden durch Neuroplastizität schneller abrufbar.

Beschäftigt Sie eine Situation noch lange, können Sie sich Fragen zu Ihren Schemata stellen: Was war der Auslöser? Welche automatischen Gedanken hatten Sie? Erkennen Sie ein ungünstiges Schema oder Verhaltensmuster? Welche Erinnerungen, Bilder und Empfindungen hatten Sie dabei? Hinterfragen Sie Ihre

Schemata und wandeln Sie sie, indem Sie durch liebevolle, klare Augen auf die Situation schauen und neue Gedanken denken.

→ Die Anwendung »Schemata« unterstützt das Bilden neuer mentaler Muster. Hilfreich sind auch die Übungen »Neu denken, neu handeln« und »Stärkende Gedanken – Affirmationen« (Download Mental- und Verhaltensbereich). Durch Stressabbau können Sie die emotionalen Anteile belastender Schemata desensibilisieren und Affirmationen verankern.

Spiritualität als Verbindung mit dem Ganzen

Spiritualität verbindet uns mit allem Seienden. Nehmen wir uns als eingebunden in einen größeren Zusammenhang oder als Teil der Natur mit ihrer Schöpfungskraft wahr, so wirkt dies heilsam auf unsere Psyche. Körperliche Entspannung, Achtsamkeit und Präsenz ermöglichen uns, den Geist von linearem Denken hin zu universeller Verbundenheit zu öffnen. Sind wir geistig offen, kann uns Inspiration für unsere Genesung und Selbstwirksamkeit auf unterschiedlichste Arten erreichen. Ein Zeitungsartikel, ein Buch, gefunden an einem unerwarteten Ort, Worte einer nahestehenden Person, eine schöne Landschaft, ein Tier, Musik und vieles mehr können uns berühren und unsere Selbstheilung unterstützen. Unsere Vision des gesunden Selbst (Seite 20) tritt in Resonanz mit der Welt. Wir können eine Frage vor dem Einschlafen an das »große Ganze« richten oder ein Gebet an die heilsame Lebenskraft aussprechen, mit der wir uns verbunden fühlen. Vielleicht unterstützen uns heilsame Wesen, ein Krafttier, die alte Weise oder ein Engel, machen uns Mut und lenken unsere Intuition.

Gerade in Krisenzeiten erleben viele Menschen Spiritualität und Transzendenz als hilfreich. Jedoch sind spirituelle Konzepte zahlreich und wie bei körperlicher Bewegung müssen wir auch unter ihnen die für uns passenden finden. Bleiben wir dabei in unserem Körper beheimatet und finden den Zugang zur Spiritualität durch unsere Sinne, erhalten wir uns den Realitätsbezug aufrecht. Anhand unserer Körperwahrnehmung können wir beurteilen, was eine spirituelle Intervention konkret bewirkt. Lernen wir Meditations- und Traumsymbole intuitiv selbst interpretieren, erlangen wir spirituelle Kompetenz. Indem wir unseren Körper entspannen und unsere Sinne schärfen, verlangsamen wir unseren Gedankenfluss und öffnen unseren Geist. Dies kann beispielsweise durch Atmung, Bewegung, Mantras und Klang sowie durch Imagination von Farben und heilsamen Bildern geschehen.

→ Lernen Sie, Ihre persönlichen Symbole und inneren Bilder zu deuten (Download Mentalbereich).

MEDITATIVES GEDANKENSPIEL ÜBER DAS SELBST

Schau mit geschlossenen Augen nach oben, öffne deinen Kiefer und drücke die Zunge leicht nach unten. Gähne und lasse den Atem langsam wieder ausströmen.
Gib dein Gewicht ab, lasse dich tragen.
Stelle dir einen großen Kubus aus Glas vor, der vor dir steht.
Lege nun alles, was du denkst, dass es dich ausmacht, in den Kubus.
Lege dein Hab und Gut in den Kubus: deine Kleider, dein Auto, dein Haus oder deine Wohnung, deine Geräte und was du sonst noch alles besitzt.

Lege deine Ausbildungen und Titel in den Kubus.
Lege auch deine Belastungen, Verletzungen und Diagnosen in den Kubus. Lege alles hinein, was dich plagt in deinem Leben.
Lege deine Überzeugungen und das Bild, das du von dir selbst hast, in den Kubus. Lege hinein, was du denkst, dass du bist oder nicht bist.
Hast du alles in den Kubus gelegt, was dich ausmacht, schaue diesen von außen an.
Wer schaut jetzt gerade den Kubus an?

KURZGEFASST Spiritualität geschieht durch das menschliche Bedürfnis, die Individualität aufzulösen und sich mit allem Lebendigen zu verbinden. Durch Spiritualität können wir das Selbst und eigene Leben in einen größeren Kontext setzen. Sie geschieht im geistigen Zustand der Entspannung und Offenheit, den zu erlernen allen offensteht. Bleiben wir in unserem Körper verankert, können wir den eigenen Weg in der Vielfalt spiritueller Methoden finden. Entspannt, offen und ohne Aktionismus erfahren wir Verbundenheit mit allem Seienden und Inspiration.

Welche Themen im spirituellen Bereich sprechen Sie an? Was inspiriert Sie? Was möchten Sie lernen? Und was lassen Sie lieber bleiben? Notieren Sie Ihre Gedanken dazu in Ihrem Notizbuch.

→ Probieren Sie die Anleitungen »Lebenssinn und Spiritualität« sowie »Mein Kraftort« im Download Mentalbereich aus.

»Wenn ich feststelle, dass ich wieder einmal in eine Negativspirale geraten bin, sage ich mir: ›Wir sind nicht so wichtig, wie wir uns gemeinhin gerne nehmen.‹ Dieser Bezug zu etwas sehr viel Größerem schafft in mir Distanz zu meinen Problemen, an denen mein Denken so gerne haftet.«

»Ich integriere die Worte des Zen-Meisters Thích Nhất Hạnh in meine Atemübungen, indem ich sie innerlich aufsage: ›Ein, aus, tief, langsam, ruhig, leicht, lächelnd, frei, dieser Augenblick, wunderbarer Augenblick.‹ Mein Geist richtet sich auf diese heilsamen Worte und kann sich nicht mit destruktiven Gedanken beschäftigen.«

Kreativität ermöglicht Lösungsfindung

Kreative Prozesse geschehen in all unseren Lebensbereichen. Körperlich entsteht Kreativität, indem wir uns spontane Bewegungen unserem Gefühl entsprechend erlauben, beispielsweise wenn wir hüpfen, uns schütteln oder strecken, wie wir es als Kinder unablässig taten. Im Emotionalbereich zeigt sie sich, indem wir offen für ungewohnte Erfahrungen und Gefühle sind, und gedanklich, indem wir andere Perspektiven einnehmen und neue Gedanken denken. In unserem Verhalten drückt sich Kreativität in unzähligen Formen aus, immer dann, wenn wir von vorgefassten Strategien, einengenden Meinungen und gewohnten Abläufen ablassen.

KURZGEFASST Kreativität ist eine Art des Vorgehens, bei der sich Sein und Tun die Waage halten. Alle Menschen können kreativ werden – und dies auf vielfältige Weise. Haben wir erfahren, dass wir dazu unfähig sind, brauchen wir eine Weile, um unseren persönlichen Zugang zu Kreativität zu finden. Diese entsteht durch Übung und das Vertrauen in sich entwickelnde Prozesse.

Folgen wir bei unserem Tun dem intelligenten Fluss des Gedeihens, der sich uns eröffnet, handeln wir kreativ. Stehen wir jedoch unter Stress, verengt sich unser Gesichtsfeld körperlich und psychisch, wir nehmen den sprichwörtlichen Tunnelblick ein. Unser Denken und Fühlen fokussiert sich auf lineares Erledigen von Aufgaben, auf den Stressor und die Dringlichkeit einer Lösungsfindung. Mit solch einer eindimensionalen Denkweise wird es schwierig, Ressourcen und Lösungen zu sehen, die vielleicht auch nur wenige Zentimeter neben unseren Lebensgewohnheiten liegen. Einen Zustand »out of the box«, also außerhalb einer engen Kiste, erreichen wir durch Entspannung. Diese kann sich beispielsweise durch eine temporeiche Runde Jogging, Durchatmen, Stressabbau oder durch die Neubewertung der Situation einstellen. Sind wir ruhig, können wir unseren Geist zum belastenden Thema schweifen und unser Handeln achtsam aus dem Moment heraus entstehen lassen. Wir können innerlich Distanz zur Belastung nehmen, Bestehendes frisch verknüpfen und Neues erschaffen. Und obwohl in solch kreativen Prozessen eine gewisse Zielgerichtetheit liegen mag, sind dessen Resultate stets überraschend und unvorhersehbar.

GUT ZU WISSEN

Wir können unsere Kreativität mental fördern

Ich vertraue darauf, dass alles in unmittelbarer Nähe liegt, was ich zur Problemlösung und Entwicklung brauche. Vielleicht sehe ich es noch nicht.

Ich nehme Distanz und betrachte die Situation aus einer neuen Perspektive.

Ich lasse vorgefertigte Meinungen über mich und gültige Resultate los.

Ich probiere Neues aus und lasse mich von Ergebnissen meines Tuns überraschen.

Ich bin mit all meinen Sinnen bei dem, was ich tue. Tun ist wichtiger als das Resultat. Ich genieße mein Sein und Tun.

Ich kenne noch lange nicht alle meine Möglichkeiten und diejenigen der Welt. Ich bin offen für Neues.

Welcher dieser Sätze spricht Sie an? Möchten Sie Ihren persönlichen kreativitätsfördernden Satz gestalten? In welchem Bereich haben Sie Lust, kreativ zu werden? Nutzen Sie die vorliegenden Inhalte auf Ihre persönliche Weise. Verknüpfen Sie diese kreativ, folgen Sie dabei Ihrem Interesse und Ihren Bedürfnissen.

→ Mit Malen, Bauen, Gestalten und Naturarbeit können Sie den kreativen Fluss Ihrer Handlung erleben. Solche Erfahrungen lassen sich auf den Genesungsprozess übertragen (Download Gestalterischer Bereich).

»Mitten in einem Jahrzehnte andauernden kreativen Prozess wurde ich jäh gestoppt, konnte kein Wort mehr schreiben, drehte mich von einer Minute auf die Nächste nur noch um mich

selbst und fiel in ein schwarzes Loch. Wie habe ich herausgefunden? Die Zeit hat mir geholfen. So schmerzlich es auch war, ich habe Tag für Tag und Woche für Woche vergehen lassen und bin schließlich, in einem völlig unerwarteten Moment, wieder auf meine Kreativität gestoßen. Dass ich mich wieder ausdrücken kann, erfüllt mich mit großer Dankbarkeit.«

Der menschliche Geist im Überblick

Fließenden Gewässern ähnlich, ist unser Geist zu unterschiedlichsten Tätigkeiten fähig – von der gradlinig kanalisierten schnellen Rationalität bis hin zu der sich weiträumig schlängelnden geruhsamen Spiritualität und Kreativität oder teilbewussten Gedankenströmen im Untergrund. Unser geistiges Tun hat eine unmittelbare Wirkung auf unseren Körper. Was wir denken und mit welchen Bildern wir unseren Geist beleben, spielt eine Rolle für unsere biologischen Prozesse. Es ist maßgeblich für unsere Entwicklung, welche teil- und unterbewussten Glaubenssätze und Schemata wir in uns tragen. Und es ist für unsere Selbstheilungsfähigkeit von Bedeutung, ob wir unseren Geist – sei es kreativ oder spirituell – auch öffnen und mäandern lassen können. Verbinden wir Geist und Körper, werden unsere Körpersymptome zur verständlichen Sprache unseres Unterbewusstseins und unsere physische Existenz zur treuen Wegbegleiterin.

Um die Herausforderungen unseres Lebens zu meistern, brauchen wir denn auch eine gute Mischung aller mentalen Qualitäten. Alleinige Rationalität lässt uns eindimensional, fern von Empfindungen, Emotionen und Gefühlen handeln. Rationalität im richtigen Moment jedoch hilft uns, die Beobachterposition bei Herausforderungen einzunehmen und sachliche, vernünftige Lösungen zu finden. Durch stetes Forschen nach Belastungsursachen fokussieren wir unsere Probleme zu sehr. Im richtigen Maß hingegen ist Reflexion von Teilbewusstem ein Schlüssel zur Genesung. Mit alleiniger Kreativität verlieren wir uns in Struktur- und Ziellosigkeit. Verbunden mit ordnenden Kräften ermöglicht sie, uns selbst und unser Leben neu zu erfinden. Spiritualität ohne Körper- und Selbstwahrnehmung erzeugt Phantasmen und exklusive Parallelwelten. Verbinden wir sie mit unserer physischen Lebenswelt, erhellt Spiritualität unser Gemüt und öffnet den Zugang zu unserer inneren Weisheit und Selbstheilungskraft, wie die Geschichte der Wolfsfrau beispielhaft zeigt.

Übergeordnet hat unser Geist eine essenzielle Funktion: Er kann sich mit den Sinneserfahrungen verbinden. Findet unser geistiges Tun im Einklang mit dem Körpergeschehen und den Emotionen statt, entsteht Herzintelligenz® (Dittmar 2019) oder emotionale Intelligenz. Durch sie wissen wir, dass letztlich alle Menschen gleich fühlen, und erkennen, was richtig, wahr, gut und schön ist – also was uns alle und unsere Umgebung gedeihen lässt. Daraus wächst eine universelle, kulturübergreifende Ethik. Gemeinschaftlich gelebte Herzintelligenz® bildet einen transrationalen Raum, ein kollektives Bewusstsein, in dem Geist, Körper, Menschen und Umwelt in Respekt, Mitgefühl und Herzenswärme verbunden sind.

Beziehungen als Lebenselixier

Wir Menschen sind soziale Wesen – Beziehungen sind nicht nur seelisch, sondern auch biologisch unser Lebenselixier. Damit können sie Ressource und Herausforderung zugleich sein.

Für unser Gedeihen sind wir körperlich auf sicherheitsspendende liebevolle Beziehungen angewiesen. Solche aktivieren das biologische Motivationssystem, das unsere Handlungen leitet. Bereits die Aussicht auf zwischenmenschliche Anerkennung, Wärme, Zuwendung und Liebe schüttet Dopamin aus, das Hormon, welches uns in Bewegung in Richtung unserer Ziele bringt (siehe Seite 75). Erfüllende Beziehungen schütten außerdem Oxytocin und körpereigene Opiate aus, die gesundheitsfördernd, stressdämpfend und beruhigend auf unser Nervensystem wirken. Sie fördern unsere Lernfähigkeit und Resilienz, also Widerstandskraft, und erzeugen Entspannung, Wohlgefühl und erotische Empfindungen.

> *»Sie hatte kein einfaches Leben gehabt. Es war geprägt von Entbehrung und Einsamkeit. Dies drückte sich in ihrem Gesicht aus, jetzt, hier im Altersheim. Doch dann lernte sie ihn kennen. Sie verliebten sich ineinander und saßen fortan Hand in Hand auf der Bank. Jeden Tag, ein gutes Jahr lang. Ihr Gesichtsausdruck wandelte sich, er wurde sanft und weich, sie lächelte. Sie lächelte weiter, strahlte Erfüllung und inneres Glück aus. Auch noch lange, nachdem er gestorben war.«*

Erleben wir keine oder belastende Beziehungen, reagiert unser Nervensystem mit Stress. Wir ziehen uns zurück, werden einsam und traurig oder aggressiv und abwertend gegenüber uns oder anderen. Auf lange Sicht können wir in der Folge solcher Stressreaktionen ernsthaft psychisch und körperlich erkranken. Unser Gehirn macht nur einen kleinen Unterschied zwischen sozialem und körperlichem Schmerz. Da keine Beziehungen (auch biologisch) oft schlimmer erscheinen als belastende Beziehungen, werden Menschen meist lieber negativ wahrgenommen als gar nicht. Oder sie stellen ihre persönliche Entwicklung hinten an, um Beziehungen nicht zu gefährden. Und oft halten sie lieber belastende, selbstzerstörerische Beziehungen aufrecht, als dass sie Distanz nehmen und für sich selbst und das eigene Wohlergehen einstehen. In solchen Situationen sind wir mit der schier unlösbaren Aufgabe konfrontiert, uns zu entscheiden, ob wir Beziehungen oder uns selbst erhalten.

> *»Lieber habe ich mich nicht oder rückwärts entwickelt, als unsere Ehe zu gefährden. Erst nach der Scheidung fing ich wieder an, ein eigenständiges Leben zu führen, mich weiterzuentwickeln.«*

GUT ZU WISSEN

Beziehungen wirken unmittelbar auf unser Wohlgefühl

Erfüllende Beziehungen erzeugen Wohlgefühl und beruhigen unser Nervensystem. Wir können sie an Vertrauen, Sicherheit, Bestärkung, Wertschätzung, Achtung, Ausgewogenheit zwischen Bindung und Freiheit, Aufrichtigkeit sowie körperlicher Zuwendung erkennen.

Schädigende Beziehungen erzeugen Stress und versetzen unser Nervensystem in Aufruhr. Nehmen wir Distanz von Menschen, die in uns Stress auslösen, tun wir unserer Gesundheit etwas Gutes. Aufgrund negativer Beziehungserfahrung kann es aber sein, dass wir – beziehungsweise unser Körpergedächtnis – auch wohltuende Beziehungen instinktiv als Gefahr werten. In solchen Fällen ist die Desensibilisierung von alten Stressoren notwendig, um Beziehung generell als wohltuend erleben zu können.

Vorsicht im Regulieren von Nähe und Distanz aufgrund von Körperempfindungen ist also dann geboten, wenn aktuelle Beziehungen alte belastende Erfahrungen triggern und damit verbundene Stressoren erneut auslösen.

KURZGEFASST Das Aufrechterhalten sozialer Beziehungen wird psychisch und biologisch höher gewichtet als der reine Selbsterhalt (Bauer 2008). Stehen wir mit unseren Mitmenschen in guter, liebevoller Beziehung, fördert dies unsere psychische und körperliche Gesundheit. Fehlen erfüllende Beziehungen, so reagiert unser Nervensystem mit Stress (Kampf oder Flucht) oder unser innerer Antrieb, das Motivationssystem, kommt gar zum Erliegen (Blockade). Dauern solche Zustände an, erzeugen sie psychische und körperliche Erkrankungen. Stresserleben sowie selbst- und fremdschädigende Verhaltensmuster können eine Folge von belastender Beziehungserfahrung sein.

Wann reagieren Sie mit Stress auf Beziehung? Wie denken Sie, hängen Ihre Stressreaktionen mit sozialer Beziehung zusammen? Welche Personen waren wichtig und involviert, als Sie belastendes Verhalten entwickelten? Wozu könnte es im damaligen Beziehungsgeschehen gedient haben? Mit welchem Verhalten, denken Sie, lösen Sie Stress bei anderen Menschen aus? Halten Sie Ihre Erkenntnisse in Ihrem Notizbuch fest.

Spiegelneurone – körperlich empfundenes Mitgefühl

Menschen wirken stärker aufeinander ein, als uns meist bewusst ist – zu einem großen Teil erfahren wir uns selbst und die Welt durch soziale Beziehung. Wir verinnerlichen Bewegungsmuster, Sprache, Selbstausdruck, den Umgang mit Emotionen, Regeln und Normen sowie praktische Fähigkeiten unserer Mitmenschen. Dies geschieht nicht auf einer rationalen, sondern auf einer grundlegend körperlichen Ebene. Der Neurophysiologe Giacomo Rizzolatti (Rizzolatti u. a. 2003) entdeckte das System der Spiegelneurone im menschlichen Gehirn. Dieses System erlaubt es, sich in andere Menschen einzufühlen und deren Empfindungen und Emotionen authentisch am eigenen Leib zu erfahren. Als Kleinkinder machen wir noch keinen Unterschied zwischen uns selbst und anderen Menschen, wir fühlen unsere Bezugspersonen durch die Spiegelneurone am eigenen Leib und verinnerlichen so deren Realität (siehe Introjekte, Seite 95).

Beobachten wir die Bewegungsabläufe anderer, aktivieren die Spiegelneurone unsere entsprechenden Bewegungszentren. Erleben Mitmenschen körperliche oder psychische Schmerzen, erzeugt dies Resonanz in unseren eigenen neuronalen Schmerzzentren. Fühlen andere Emotionen, lösen unsere Spiegelneurone dieselben in unserem Gehirn und Körper aus (Bauer 2006). Wir werden nervös, wenn jemand innerlich angespannt einen Vortrag hält, wir mögen Filme und Sportveranstaltungen, da wir die Empfindungen der Protagonistinnen und Sportler miterleben. Beobachten wir Unfälle, können wir die Erschütterung am eigenen Leib wahrnehmen. Durch körperliches Einfühlungsvermögen und den Drang zur Beziehungssicherung übernehmen wir in Familien mitunter selbstschädigende Rollen, um unsere Nächsten zu stützen. Oder wir verzeihen Täterinnen oder Tätern, da wir deren psychische Not fühlen.

Durch unsere Spiegelneurone können wir zudem in Gruppen eine kollektive Realität erleben. Oft fühlen wir einander ohne Absprachen und Abmachungen, folgen gemeinschaftlichen Regeln und erzeugen ein spezifisches soziales Klima. Alle Beteiligten erzeugen dabei einen gemeinsamen Raum, den sie durch Emotionen, nonverbale Kommunikation und Gedanken gestalten.

GUT ZU WISSEN

Spiegelneurone ermöglichen das Lernen von anderen

Spiegelneurone ermöglichen es, uns in andere Menschen hineinzuversetzen. So können wir beispielsweise am eigenen Leib erfahren, wie sich Selbstbewusstsein, Vertrauen in das Leben, Empathie in schwierigen Situationen oder humorvolle Leichtigkeit anfühlen. Übertragen wir einen spiegelnd empfangenen Impuls auf unsere eigene Realität, können wir Wissen darüber erhalten, wie wir die erwünschte menschliche Qualität in uns entfalten. So können wir im Persönlichkeitsbereich von anderen lernen.

Nehmen Sie wahr, was körperlich geschieht, wenn Ihnen jemand von einer Schnittverletzung oder einem Reißnagel im Fuß erzählt. Wie empfinden Sie das Beschriebene am eigenen Leib? Sind Sie ein Mensch, der andere stark fühlt, vielleicht stärker als sich selbst? Oder fällt es Ihnen schwer, die Gefühle anderer zu erkennen? Halten Sie Ihre Erkenntnisse in Ihrem Notizbuch fest.

Aus evolutionärer Sicht haben Spiegelneurone den Vorteil, dass wir Beziehungen aufbauen und schnell auf Gefahren reagieren können. Wie alle Zentren unseres Gehirns, unterliegen auch die Netzwerke der Spiegelneurone der Neuroplastizität (siehe Seite 41). Entfalten wir uns mit unseren Bezugspersonen durch soziales Spiegeln, werden die Areale stabiler und größer. Fehlt

Kindern sozialer Austausch, verkümmern ihre neuronalen Netzwerke der Spiegelneurone. Erfahren sie zu viel belastende Beziehung und fühlen sich zu stark in ihre Bezugspersonen ein, spüren sie die Realität anderer besser als sich selbst.

KURZGEFASST Wohlgefühl und Unwohlsein sind nicht nur persönliche, sondern auch kollektiv soziale Ereignisse. Mithilfe der neuronalen Systeme von Spiegelneuronen können wir die Lebensrealität anderer authentisch nachempfinden und deren Bewegungsmuster, Selbstgefühle und subjektive Realitäten am eigenen Leib erleben. Auf diese Weise entstehen Beziehung, Mitgefühl mit anderen, Dynamiken und Stimmungen in Gruppen. Durch die Spiegelneurone sind wir in der Lage, im sozialen Gefüge instinktiv, beispielsweise auf Gefahr, zu reagieren.

→ Versetzen Sie sich »in die Schuhe des anderen« (Download Sozialbereich), um sich in eine Person einzufühlen, von deren Realität Sie lernen oder die Sie besser verstehen möchten.

Beziehungserfahrungen korrigieren

Die Bedeutung sozialer Beziehung für unser körperliches und psychisches Gedeihen ist also enorm. Durch Beziehung ausgelöste nervliche Erregung breitet sich aus und erzeugt unweigerlich Reaktionen wie Kampf, Flucht oder Erstarrung, einschließlich der damit verbundenen Emotionen. Im Umkehrschluss bedeutet dies, dass viele unliebsame Verhaltensweisen – seien sie von uns selbst oder anderen – auf Stress und ein erregtes Nervensystem zurückzuführen sind, und nicht, wie oft angenommen, auf einen schlechten Charakter. Aggression tritt beispielsweise auf, wenn wir Beziehungen nach außen verteidigen oder nach innen korrigieren wollen. Sie ist eine Antwort auf massive psychische Verletzung. Und gemeinschaftliche Aggression kann soziale Verbindung und Zugehörigkeit erzeugen. Auch die Vermeidung sozialer Beziehungen und Rückzug gründen auf nervlicher Stressbelastung im Beziehungskontext. Dieses Wissen kann helfen, das eigene Verhalten und das anderer neu zu deuten. Möglicherweise trägt es dazu bei, liebevoll, jedoch ehrlich korrigierend gegenüber sich selbst und anderen zu sein.

> *»Rückblickend erkenne ich, wie ich förmlich nach Anerkennung von außen lechzte. Nie konnte sie genug sein, ich wollte immer mehr, um meine Leere auszufüllen. Doch die Leere blieb, ob ich nun erfolgreich als Moderatorin beim Fernsehen arbeitete oder Unterhaltungsbücher mit hoher Auflage schrieb, dieses innere Kind drohte zu verhungern. Und nur ich konnte dem tieftraurigen Wesen helfen. Schritt für Schritt lernte ich, es in den Arm zu nehmen und ihm die Anerkennung zu geben, die ich so unendlich vermisste.«*

Psychische und psychosomatische Erkrankungen sind indessen selten auf eine einzelne Ursache zurückzuführen. Gleichsam ist belegt, dass soziale Verletzungen durch Vernachlässigung, Abwertung, Ausgrenzung, Gewalt oder physischen und psychischen Missbrauch langfristige seelische und körperliche Schäden verursachen können. Körperlicher und sozialer Schmerz erzeugen im Gehirn ähnliche Erregungsmuster (Panksepp 2011). Auch wissen wir, dass Menschen unterschiedlich auf solche Belastungen reagieren und mehr oder weniger resilient (widerstandsfähig) dagegen sind.

GUT ZU WISSEN

Wir können Beziehungsfähigkeit entwickeln

Erkennen wir unsere belastenden Beziehungsmuster, können wir ihnen schrittweise mit Reflexion, emotionalem Stressabbau, Affirmationen und neuem Verhalten begegnen. Erforschen wir unsere Biografie und verstehen, warum wir destruktives Verhalten entwickelt haben, lernen wir, unsere Bedürfnisse konstruktiv zu befriedigen. So regulieren wir Nähe und Distanz neu, passen unser Selbstbild an und beginnen, Beziehungen erfüllend zu gestalten. Diese Entwicklung können wir mit Selbstwahrnehmung, Perspektivwechsel in erfüllende Beziehungsrealitäten und Körperarbeit begleiten.

Belastendes Beziehungswissen überdauert in unserem Körpergedächtnis und wird durch Assoziation – also durch aktuelle Beziehungen – reaktiviert. Erlebten wir uns in Beziehungen ausgeliefert, wehrlos und überwältigt, haben wir solche Erfahrungen oft traumatisch verarbeitet. Dies bedeutet, dass die erfahrene Erschütterung dauerhafte neuronale Stressreaktionen auslöst, die unser Selbsterleben und unsere Persönlichkeit auf belastende Weise verändern (siehe Seite 52). Erkennen Sie solche Beziehungstraumata oder erleben Sie sich grundsätzlich als beziehungsunfähig, empfehlen wir eine therapeutische Begleitung zur Klärung und Desensibilisierung. Ergänzend dazu möchten wir Sie ermutigen, Ihre persönlichen Favoriten des emotionalen Stressabbaus regelmäßig anzuwenden, um Ihr Nervensystem gezielt zu beruhigen.

KURZGEFASST Wir können psychische Erkrankungen als Verletzungen der Beziehungsfähigkeit zum Selbst und zu anderen deuten. Bei den meisten psychischen Erkrankungen ist das Nervensystem dauerhaft stressbelastet, das Beziehungsgeschehen zu Mitmenschen beeinträchtigt und der Umgang mit Emotionen selbst- oder fremdschädigend. Der gewohnte schädliche Umgang mit innerer Erregung und äußeren Belastungen manifestiert sich durch Wiederholung und Spieglung des Umfeldes stets erneut im Selbstbild und wird zur scheinbar unveränderbaren Realität. Was wir als psychische Erkrankung erleben, hat sich in vielen Fällen durch soziale Beziehung, Stress und persönliches Verhalten über einen gewissen Zeitraum entwickelt.

Nehmen Sie wahr, wo Sie naheliegende Ansätze sehen, um einen Schritt in eine heilsame Richtung zu gehen. Liegt ein solcher in der Reflexion, indem Sie nützliche Schlüsse aus dem Gelesenen ziehen? Oder möchten Sie emotionalen Stress abbauen, ein bestimmtes Verhalten oder eine Gewohnheit ändern? Versuchen Sie zu erkennen, worin der tiefere Nutzen von belastendem Verhalten liegt. Halten Sie Wichtiges in Ihrem Notizbuch fest.

→ Die Techniken »Das Gute des Schlechten« sowie »Neu denken, neu handeln« geben Impulse zur Verhaltensänderung (Download Verhaltensbereich).

Beziehungen und ihre Dynamiken

Menschen haben oft verschiedene soziale Netzwerke, wie die Herkunfts- oder Patchworkfamilie sowie Verwandte, Freunde, Ausbildungs- oder Wohngemeinschaften und vielleicht Fachpersonen des Gesundheitssystems. Wir können uns fragen, welche sozialen Netzwerke unsere Genesung unterstützen und welche uns schaden. Wie die einzelnen Knoten bei einem Fischernetz nicht unabhängig voneinander zu bewegen sind, sind auch in sozialen Systemen Menschen und ihre Handlungen unmittelbar miteinander verbunden. Sie stehen in steter Interaktion und regulieren ihre Nervensysteme gegenseitig hin zu Stress oder Wohlgefühl (Porges 2021).

Der Psychologe Eberhard Stahl (2017) erforscht Gruppenprozesse und beschreibt, dass jedes Mitglied eines Netzwerkes seine individuellen Themen und Ziele in die Gemeinschaft einbringt. Diese erzeugen den sogenannten intersubjektiven Bedeutungsraum, also das emotionale Klima in Familien, Arbeitsgemeinschaften oder Freundeskreisen. Das emotionale Klima wird gespeist durch geteilte Normen und Werte, teilbewusste Inhalte, unverarbeitete Belastungen und Traumata. Bleiben belastende kollektive »Schattenthemen« unbewusst, wirken sie zerstörerisch auf die Gruppendynamik und Einzelne. Bringen wir sie hingegen ins Bewusstsein, haben wir die Möglichkeit, unsere Entwicklung in eine positive Richtung zu lenken.

Auch hat jede Person in einer Gruppe eine spezifische Rolle inne, wie die Optimistin, der Kritiker, die Wortführerin, der Clown oder Anführer. Rollen dienen der Vereinfachung des Zusammenlebens und schaffen Identität, sie erleichtern die Kommunikation, Konfliktbewältigung und das Erreichen gemeinsamer Ziele. Die jeweilige Rolle innerhalb einer Gruppe ergibt sich aus der Position und den Verhaltensweisen des Einzelnen in Abstimmung mit der Gruppe. Idealerweise sind wir frei, verschiedene Rollen einzunehmen. Übernehmen wir in Gruppen stets dieselbe Rolle, war dieses Verhalten einmal beziehungssichernd – schränkt uns aber in unserer Entwicklung enorm ein.

»Mein großer Bruder hat einst meine Rolle in der Familie mit einem Satz auf den Punkt gebracht: ›Ich habe dich noch nie gesund erlebt.‹ Ja, ich war die Kranke, nach der man schauen musste, die extra Aufmerksamkeit benötigte. Ich will definitiv nicht mehr ›die Kranke‹ sein. Stattdessen freue ich mich über meinen wiedergefundenen Humor. Diese humorvolle Seite an mir will ich weiterentwickeln!«

GUT ZU WISSEN

Soziale Systeme wirken auf ihre Mitglieder

Das emotionale Klima einer Gruppe wirkt stark auf das Verhalten und die Gesundheit Einzelner. Gruppendynamiken können dazu führen, dass Menschen, die sich in einer Hierarchie unten wahrnehmen, zum Sichern der Stabilität – dem sprichwörtlichen Frieden zuliebe – schädliche Rollen und Stressbelastungen Dritter übernehmen.

Die Erkrankungen Einzelner sind also oft auch Ausdruck eines Ungleichgewichts im sozialen System. Genesung gelingt Betroffenen folglich einfacher, wenn sich alle Gruppenmitglieder auf einen Entwicklungsprozess einlassen, ihr Verhalten reflektieren und anpassen. Auch ist es wichtig, dass Betroffene von psychischen Belastungen ihre Persönlichkeit aus familiären Strukturen herauslösen und sich eigenständig entwickeln lernen.

Gerade Kinder sind auf funktionierende soziale Beziehungen angewiesen. Unterbewusst übernehmen sie Rollen, um Beziehung zu sichern und Stress in der emotionalen Einheit der Familie zu mildern. Murray Bowen (1978), Professor für klinische Psychiatrie, hat durch jahrelange Begleitung von Familien mit einem an Schizophrenie erkrankten Angehörigen erkannt, dass Familien generationsübergreifende Verhaltensmuster kultivieren, die auf alle Mitglieder wirken. Unbewusster Stress eines Elternteils (z.B. Angst) wird oft an das Kind weitergegeben, gerade dann, wenn die Eltern emotional weder mit sich selbst noch miteinander verbunden sind. Als Ansatz zur Genesung empfiehlt Bowen Betroffenen, die eigene Persönlichkeit wahrzunehmen und sie aus der familiären Einheit herauszulösen. Dies kann nur dann gelingen, wenn Menschen ihre zwei gegensätzlichen Bedürfnisse nach Verbundenheit und Individualität erkennen und mit diesem Dilemma umgehen lernen. Ändert eine Person ihr Verhalten, ändert sich auch die Beziehungsdynamik – ein Phänomen, das in jeglichem sozialen Gefüge stattfindet.

KURZGEFASST Soziale Netzwerke erzeugen ein emotionales Klima, das von individuellen Zielen sowie geteilten Normen, Werten und Verhaltensmustern durchdrungen ist. Das emotionale Klima von Familien wird über Generationen hinweg geprägt, auch von verdrängten Belastungen und nicht aufgelösten Traumata. Menschen übernehmen – oft unbewusst – Rollen und Belastungen anderer, um die Gruppendynamik zu fördern. Psychische Erkrankungen sind folglich auch Ausdruck von kollektivem Ungleichgewicht. Um zu genesen, müssen wir gegenläufige Bedürfnisse nach Beziehungserhalt und Identität in Einklang bringen sowie Nähe und Distanz neu regulieren lernen, ohne uns selbst dabei zu verlieren.

Zeichnen Sie sich selbst und Ihre verschiedenen Beziehungssysteme als Fischernetz. Jeder Knoten ist ein Mensch. Wie sind sie miteinander verbunden? Verknüpfen Sie die Namen mit dem Ihren durch Verbindungsfäden. Drücken Sie die Beziehungsqualität, die Sie zu jedem Menschen empfinden, mit Farben und Formen aus. Welche Menschen sind Ihnen wichtig, vielleicht gar Vorbilder? Welche Beziehungen empfinden Sie als schädlich? Wo fühlen Sie Freude, wo Stress und wo Ambiguität, also Mehrdeutigkeit? Wer hat welche Rolle inne? Und welches Gesamtbild ergibt sich?

→ Führen Sie die Übung »Soziale Systeme« im Download Sozialbereich durch. Atemarbeit, vielleicht auch eine Freundin oder ein Freund, kann Sie dabei unterstützen.

»Erst im Erwachsenenalter begann ich, meine Eltern zu hinterfragen. Mir wurde stets vorgelebt, dass es angebracht sei, die eigenen Bedürfnisse für sich zu behalten. Anderen Personen gegenüber sollte ich mich angepasst verhalten. Als gestandene Frau lernte ich, mich abzugrenzen, und konnte mich von meinem engen, ungesunden Korsett befreien.«

Beziehungen als Spiegel

Nun, da wir wissen, dass wir für unser Überleben in biologischer, praktischer und psychischer Hinsicht auf unsere Mitmenschen angewiesen sind, können wir uns ein Bild von unseren Beziehungen machen.

Schreiben Sie die Mitglieder Ihres sozialen Systems (Seite 131) und Ihren eigenen Namen einzeln auf jeweils einen Zettel. Legen Sie Ihr soziales System nach Gefühl aus. Welche Menschen sind Ihnen nahe, welche fern? Welche gehören zusammen und bilden Allianzen? Nehmen Sie Distanz und schauen Sie von außen auf das Bild. Liegt alles richtig? Was fällt Ihnen auf? Stellen Sie sich auf die Namen derjenigen Personen, über die Sie mehr erfahren möchten. Nehmen Sie dabei Ihre unmittelbare Körperresonanz wahr und vergrößern Sie diese. Sprechen Sie auf allen Positionen die Kernaussage aus. Was erfahren Sie? Stellen Sie sich auf Ihre Position und nehmen Sie wahr, wie Sie sich fühlen. Welche Menschen sind zu nahe? Welche sind zu entfernt? Legen Sie die Zettel neu aus, so, dass es sich gut anfühlt. Was möchten Sie zu Ihrem Umfeld sagen?

Weiter ist es nützlich zu fragen, wie wir Beziehungserfahrungen für unsere Genesung nutzen können. Welche Möglichkeiten der Beziehungsgestaltung existieren? Und welche Ebenen der Selbstwirksamkeit stehen uns zur Verfügung? Um diese Fragen zu beantworten, schauen wir uns wieder die unterschiedlichen Ebenen unseres menschlichen (Er-)Lebens an:

Auf basaler Ebene hilft es, wenn wir unsere Körperwahrnehmung im Hinblick auf das Beziehungsgeschehen verbessern. Unser Körper erzählt davon, wie wir uns in Kontakt mit einem bestimmten Menschen oder einer Gruppe fühlen, ob wir entspannt, offen, lernfähig und wir selbst sein können. Wir erkennen, wann sich unser Nervensystem beruhigt und wann wir – vielleicht von anderen übernommene – Stresssymptome erleben. Wir können fühlen, ob wir körperlich in der Lage sind, Nähe zuzulassen. Oder ob uns eher Alleinsein und Einsamkeit schwerfallen. Wir können bemerken, welches Maß an Autonomie oder Bindung wir erleben. Zu viel Autonomie löst eine Beziehung auf, der Kontakt wird unverbindlich und geht verloren. Zu viel Bindung wirkt einschränkend auf die persönliche Entwicklung und kann das Selbstgefühl und die innere Freiheit ersticken (Ryan, Deci 2017).

In welchen Beziehungen nehmen Sie zu viel Bindung wahr? In welchen fehlt sie Ihnen? Fürchten Sie das Alleinsein und ziehen belastende Beziehungen vor? Gibt es Momente, da Sie sich autonom und doch geliebt fühlen? Wann führt Autonomie zu Entfremdung? Fühlen Sie Ihre Körperresonanz auf Beziehung. Halten Sie Ihre Wahrnehmungen in Ihrem Notizbuch fest.

Im Emotionalbereich können wir beobachten, ob wir fähig sind, Wertschätzung, liebevolle Zuwendung und Mitgefühl gegenüber uns selbst und anderen zu empfinden. Fühlen wir uns sicher, können wir anderen und uns selbst vertrauen? Ist es uns möglich, uns selbst und anderen zu verzeihen? Solche emotionalen sozialen Fähigkeiten sind unerlässlich für unseren Genesungsprozess. Sie wirken heilsam auf unser Selbst und unsere Mitmenschen. Sicherheitsspendende Beziehungen, die durch Verständnis und Akzeptanz gegenüber unserer Lebensrealität geprägt sind, wirken positiv auf unsere Genesung und Entwicklung (Ambühl, Grawe 1988). Unsere Motivation zur Veränderung hingegen kann nur intrinsisch, also von innen heraus, geschehen (Schulz, Zuaboni 2014).

Denken Sie in entspanntem Zustand an Wertschätzung. Stellen Sie sich vor, wie Sie jemanden wertschätzen. Stellen Sie sich nun vor, dass Ihnen jemand Wertschätzung zukommen lässt. Wie fühlt sich dies an? Vielleicht nehmen Sie Empfindungen, innere Bilder oder Worte wahr. Erkunden Sie auf dieselbe Weise, wie sich Mitgefühl, liebevolle Zuwendung, Vertrauen und Verzeihen anfühlen. Gibt es einen Begriff, der Sie speziell berührt? Gestalten Sie auf persönliche Weise in Ihrem Notizbuch dazu.

→ Die Meditation »Für die Liebe öffnen« im Download Sozialbereich kann Sie inspirieren, einen Schritt in Richtung erfüllende Beziehungen zu gehen.

Auf mentaler Ebene ist die Wahrnehmung von Beziehungsmustern zentral, um Veränderungspotenzial zu erkennen. Mitmenschen werden wir nicht ändern können, sehr wohl aber unser eigenes Beziehungsverhalten. Beispielsweise können wir uns fragen, warum wir stets ähnliche Themen in belastenden Beziehungen wiederfinden. Oder warum wir uns von einem bestimmten Typ Mensch stark angezogen fühlen – dessen herausfordernden Themen sich wiederum exakt mit den unseren verzahnen. Wir können belastende Beziehungsmuster mit kreativen Mitteln modulieren, sie auf eine klärende innere Bilderreise mitnehmen oder eine beziehungsbejahende Affirmation formulieren. Durch Vernunft können wir erkennen, dass, erfüllende Beziehungen zu leben, eine menschliche Fähigkeit ist, die Menschen bis ins hohe Alter lernen können.

KURZGEFASST Beziehungen, gerade solche, die wir selbst wählen, erzählen uns viel über uns selbst – sie sind wie Spiegel unseres Innern, die zeigen, ob wir mit unserer Regulierung von Nähe und Distanz, unserer Präferenz für bestimmte Menschen und unseren Beziehungsmustern förderlich oder selbstschädigend umgehen. Können wir wertfrei erkennen, wo und wie wir uns selbst in Beziehungen schaden, vermögen wir, Genesung einzuleiten.

Welche belastenden Beziehungsmuster kennen Sie von sich? Angenommen, Sie hatten gute, überlebenssichernde Gründe, als Sie diese Muster entwickelten: Was könnte deren verborgener Nutzen sein? Gestalten Sie die Beziehungsqualitäten, die Sie entwickeln und leben möchten. Schreiben Sie Ihre Erkenntnisse in Ihr Notizbuch.

→ Mit »Das Gute des Schlechten« können Sie Ihre selbsterhaltende Motivation in belastenden Beziehungsmustern erkennen (Download Verhaltensbereich).

»Wenn ich als Jugendliche Depressionen hatte, brauchte ich Abstand von meiner Mutter. Sie war kein sicherer Hafen für mich, sondern eine Bedrohung. Als mein Zustand mit 16 Jahren schlechter wurde, wies ich mich selbst in eine psychiatrische Klinik ein. Aber als ich mich nach drei Monaten gesund genug fühlte, um sie wieder zu verlassen, ließ es meine Mutter nicht zu. Jedoch brauchte ich ihre Unterschrift. Ich fühlte mich einsam, nicht verstanden und isoliert von anderen Menschen. Nach viel psychischer Arbeit weiß ich heute, wie es sich anfühlt, mich mit anderen Menschen sicher zu fühlen. Seit 15 Jahren lebe ich in einer Partnerschaft, die von tiefem Vertrauen geprägt ist.«

Menschen wirken unablässig körperlich und psychisch aufeinander ein – aus dieser Perspektive sind wir in steter gemeinsamer Realität miteinander verbunden. Sind soziale Systeme von Zuwendung und Wertschätzung geprägt, lassen sie uns gedeihen, herrscht in ihnen jedoch Stress vor, wirken sie schädlich auf unsere Gesundheit. Verstehen wir unser psychisches Befinden als geteilte Realität, können wir auch unsere Belastungen neu einordnen. Wir erkennen die Herausforderungen unserer Angehörigen und dass wir sie nicht lösen können. Und wir fühlen unsere – manchmal nicht zu vereinbarenden – Bedürfnisse nach sozialer Beziehung und gelebter Persönlichkeit. Durch Körperwahrnehmung, Emotionsregulation und Reflexion wird es uns möglich, unser Verhalten im Beziehungsgeflecht gesundheitsfördernd zu gestalten.

Verbinden wir uns mit unseren seelischen Bedürfnissen und unserer Spiritualität, erleben wir unseren heilen Kern. Wir erkennen, wer wir sind, und können uns für liebevolle Beziehungen öffnen. Fühlen wir uns mutlos im Hinblick auf gelingende Beziehungen, können wir uns bewusst machen, dass es unzählige Menschen auf der Welt gibt. Also ist es möglich, solche zu finden, mit denen wir in Liebe verbunden sind. Vielleicht sind wir ihnen nur noch nicht begegnet. Oder wir sehen sie nicht, da unser Verlangen auf jene Menschen fällt, mit denen gelingende Beziehung nicht geschehen kann.

Zusammenfassend können wir sagen, dass die Art, wie wir soziale Beziehungen gestalten, Ausdruck unseres Inneren ist. Bindung ist ein zentrales seelisches und biologisches Bedürfnis, und unsere Beziehungsfähigkeit zeigt, wo wir in diesem wesentlichen Punkt genesen können. Nutzen wir die Möglichkeiten, unser Verhalten heilsam anzupassen, und erfassen den subjektiven Sinn unserer belastenden Beziehungsmuster, werden wir fähig, Beziehung neu zu gestalten und als erfüllend zu erleben.

Verhalten als Ausdruck unserer selbst

Führen wir alle Ebenen unseres Seins und den Wunsch nach gelingender sozialer Beziehung zusammen, entsteht daraus Verhalten. Wir Menschen stehen in komplexer Interaktion mit uns selbst, unseren Mitmenschen und unserem Umfeld. Verhalten entsteht durch innere Bedürfnisse und als Reaktion auf äußere Ereignisse. Wenden wir in ähnlichen Situationen stets dasselbe Verhalten an, verankert es sich durch Neuroplastizität als körperliches Muster. Dessen stete Anwendung führt zu Gewohnheiten, die unbewusst ausgeführt werden. Solche Gewohnheiten können unterstützend sein, um den Anforderungen des Lebens gerecht zu werden und ohne viel kognitive Leistung zu handeln. Sie können aber auch – oft erst durch dauerhaftes Anwenden – schädlich auf unsere Gesundheit wirken.

In den folgenden Abschnitten geben wir Anhaltspunkte, wie sich über belastendes Verhalten reflektieren lässt, um es zu wandeln. Auch zeigen wir, wie wir schädigendes Selbsterleben, solches, das ohne unseren Einfluss einfach zu geschehen scheint, als Verhalten erkennen und deuten können. Damit erlangen wir Selbstwirksamkeit, also die Fähigkeit, auf unser inneres Geschehen, unser Verhalten und unsere Gewohnheiten einzuwirken.

Verhalten kann von außen konditioniert werden. Wird einem Säugetier (oder Menschen) bei einem bestimmten Verhalten stets körperlicher oder emotionaler Schmerz zugefügt, reagiert es mit Stress und gewöhnt sich dieses ab. Wird es jedoch bei einem bestimmten Verhalten fortwährend belohnt, wird es sich dieses dauerhaft aneignen (Prinzip der operanten Konditionierung nach Skinner, Gluck u.a. 2010). Belohnung und Bestrafung können auch in Form von Zuwendung und Anerkennung beziehungsweise Ausgrenzung und Ignorieren geschehen. Durch Belohnung oder Bestrafung kann Verhalten bis hin zum autonomen Nervensystem, also zu vom Verstand unabhängigen körperlichen Reaktionen, verankert werden. Geschieht dies, ist uns nicht mehr bewusst, welche Belohnung wir im Grunde anstreben und welche Bestrafung wir vermeiden wollen.

Die Mechanismen von Belohnung und Bestrafung, also die Psychologie unseres Verhaltens, kann bewusst dazu missbraucht werden, um Profite zu erhöhen. Beispielsweise sind ungesunde Süßigkeiten für Kinder und Zigaretten im Supermarkt bewusst auf Augenhöhe bei der Kasse platziert. Spielkasinos schütten absichtlich so viel Gewinne aus, dass diese die eben notwendigen Glückshormone erzeugen, um weiterzuspielen – und zu verlieren. Nahrungsmittelhersteller erhöhen den Zucker- und Salzgehalt ihrer Produkte, damit der Körper ständig nach mehr verlangt. Soziale Medien nutzen das menschliche Verlangen nach sozialer Beziehung aus, indem sie mit Likes und Benachrichtigungen arbeiten und uns den Eindruck vermitteln, dass wir gefragte Persönlichkeiten sind. Webshops nutzen unsere Angst, etwas zu verpassen, indem sie mit unterschiedlichsten Tricks unsere Kauflaune anregen.

Ob wir uns aus Eigeninitiative Gewohnheiten aneignen, durch äußere Einflüsse und andere Menschen konditioniert wurden oder beides – unser Gehirn ist auf Vereinfachung angewiesen. Wir können nicht jede Handlung von Grund auf reflektieren und abwägen, dies würde unsere geistige Kapazität sprengen. Jede instinktive spontane Reaktion, wie sie beispielsweise bei freudiger Annäherung, Kampf oder Flucht entsteht, würde unmöglich. Wir benötigen unser Bewusstsein vielmehr dazu, um Neues zu erlernen, bis auch dies wieder automatisiert abläuft (beispielsweise Autofahren). Folglich dienen unsere gewohnten Verhaltensmuster auf einer sehr grundlegenden Ebene dazu, unser Leben zu bewältigen. Solche, die sich bewähren, die also Bedürfnisse befriedigen und Beziehungen sichern, übertragen wir – auch wenn sie im Grunde Schaden anrichten – der Einfachheit halber in verschiedene Lebensbereiche. Belastende Verhaltensweisen bleiben so lange erhalten, bis wir sie hinterfragen, reflektieren und neue, hilfreichere erlernen. Die Veränderung solcher Gewohnheiten braucht viel Zeit und bewusste Wahrnehmung. Gelingt sie, wirkt sie positiv auf alle Ebenen der Lebensregulation und die Beziehungsgestaltung zurück.

GUT ZU WISSEN

Wir können Verhaltensänderung auf allen Ebenen des Seins fördern

Körperlich fördern wir unsere Veränderungsbereitschaft durch Stressabbau und Bewegung (z. B. bilaterale Bewegung, bivagale Übungen, Sport). Sind wir entspannt, verändert sich automatisch unser Verhalten, wir werden entwicklungsfähig. Auch das

Wahrnehmen unserer Körperresonanz hilft, unser Verhalten bewusster zu gestalten. Sinneseindrücke von Musik, Farben, Gerüchen, beispielsweise bei Konzerten, Ausstellungen oder beim Essen und Trinken, steigern unsere Verhaltensflexibilität.
Im Emotionalbereich können wir unsere Bedürfnisse, die ein bestimmtes Verhalten auslösen, wahrnehmen. Stehen wir mit unseren Grundbedürfnissen fühlend in Kontakt, können wir belastende Verhaltensmuster einfacher ändern. Durch Übung können wir emotionale Wellen gelassener ausreiten und werden freier im Verhalten.
Mental können wir unsere Denkmuster reflektieren. Was wir als möglich und erreichbar erachten, packen wir an. Durch Grenzen im Denken setzen wir uns Grenzen im Handeln. Reflexion über unsere Glaubensmuster und Schemata erzeugt eine Neubewertung und Verhaltensänderung. Die bewusste Integration aller Ebenen des Seins in unser Denken, führt zu mehr Flexibilität im Verhalten.
Soziale Beziehungen werden erfüllender, stehen wir mit uns selbst in Kontakt. Wahrnehmend können wir erkennen, welches Beziehungswissen unser Verhalten prägt und welche alten Stressoren wir ablegen dürfen. Wir können Beziehungen nutzen, um unser Verhalten zu reflektieren, und Beziehungen pflegen, die wünschenswertes Verhalten fördern (siehe Seite 122).

→ Nutzen Sie auf allen Ebenen des Seins das Tool im Downloadbereich, das Sie derzeit anspricht.

KURZGEFASST Verhalten entsteht in der Dynamik von inneren Bedürfnissen und äußeren Einflüssen. Durch Belohnung und Bestrafung wird Verhalten konditioniert, ein Umstand, der in jeglichen sozialen Gefügen stattfindet, von der Werbepsychologie erforscht und von Konsumanbietern bewusst missbraucht wird. Stehen wir mit unserem Körper, unseren Grundbedürfnissen, Emotionen und Gefühlen in Kontakt, können wir unser Verhalten bewusst steuern lernen.

Zeichnen Sie auf ein Blatt Papier vier Gläser. Jedes Glas steht für die Erfüllung Ihrer körperlichen, emotionalen, mentalen und sozialen Bedürfnisse. Nun zeichnen Sie den Füllstand der jeweiligen Gläser ein. In welchem Bedürfnisbereich ist der Füllstand höher, in welchem niedriger? In welchem Bereich lohnt es sich, das eigene Verhalten genauer anzuschauen? Halten Sie Ihre Erkenntnisse gestaltend in Ihrem Notizbuch fest.

→ Vertiefen Sie die Reflexion mit dem Tool »Grundbedürfnisse erkennen und ihre Erfüllung einschätzen« im Download Verhaltensbereich.

»Früher sind bereits morgens die Aufgaben des Tages auf mich eingeprasselt und haben mich in einen angespannten Zustand versetzt. Heute bringe ich mich am Morgen in eine gute Stimmung, indem ich körperliche Achtsamkeitsübungen und Qi Gong kombiniere. Während der Übungen tauchen bereits Ideen und Lösungen auf, alles fällt mir viel leichter. Mein Geist kommt zur Ruhe und bildet mit meinem Körper ein gutes Team.«

Jeder Mensch entwickelt im Laufe seines Lebens ein Selbstbild. Alles, was äußerlich auf uns einwirkt, was wir innerlich erleben, und die Art, wie wir unsere Erfahrungen verarbeiten, prägt unser Selbstbild. Dieses ist der bewegliche Rahmen, innerhalb dessen unser Verhalten stattfindet.

Der amerikanische Psychologe und Psychotherapeut Carl Rogers ging davon aus, dass das ganze Potenzial zur Entwicklung und Genesung im Menschen innewohnt (Rogers, Rosenberg 2016). Wahrnehmungen, Empfindungen und Wertehaltungen bestimmen das Selbstbild, also die Vorstellung über die eigene Person. Um Genesungsprozesse zu fördern, unterschied er zwischen zwei möglichen Selbstbildern: dem Real-Selbst und dem Ideal-Selbst. Das Real-Selbst entspricht der Tatsache, wie wir sind und wie wir uns verhalten. Es ist verbunden mit der körperlichen Realität und Sinneserfahrung. Das Ideal-Selbst beinhaltet unsere Normen und Werte und entspricht der Idealvorstellung dessen, wie wir sein möchten. Dieses findet in unserem Geist statt und liegt – sind Real- und Ideal-Selbst nicht deckungsgleich – fern der körperlich erfahrenen Realität.

Machen wir nun Erfahrungen, ordnen wir diese in unser Selbstbild ein und gleichen dabei – meist unbewusst – Real-Selbst und Ideal-Selbst miteinander ab. Dabei gibt es zwei unterschiedliche Verarbeitungsmuster, die unserem Gehirn zur Verfügung stehen:

Übereinstimmung und Selbstannahme Hier integriert eine Person auch schwierige Erfahrungen in ihr Selbstbild. Sie erkennt, dass diese zum Leben gehören, dass eigene Werte nicht immer haltbar und Fehler zum Lernen da sind. Auf diese Weise bleibt das Selbstbild bei belastenden Erfahrungen durchlässig. Real-Selbst und Ideal-Selbst bleiben übereinstimmend und die psychische Verfassung stabil.

Stellen wir uns folgende Situation vor: Ein Vater hat die Wertehaltung, seine Kinder in all ihren Entwicklungsprozessen geduldig und liebevoll zu begleiten. Als sein Kind Unterstützung beim Kauf eines Zeltes braucht, ist er jedoch beruflich unter Zeitdruck. Es kommt zum Streit. Das Kind ist enttäuscht, der Vater wütend. Später, als er sich beruhigt hat, entschuldigt er sich und handelt einen Kompromiss aus; er lässt das Kind selbstständig planen, hilft ihm jedoch beim Kauf des Zeltes. Er erkennt seine Grenzen und dass Überforderung und Stress menschlich sind, verzeiht sich sein Verhalten und reflektiert mit dem Kind das Geschehene. Beide integrieren die unangenehme Erfahrung. Sein Selbstbild, im Grunde ein geduldiger und liebevoller Vater zu sein, bleibt bestehen.

Unstimmigkeit und Selbstablehnung Bei diesem Verarbeitungsmuster kann eine Person schwierige Erfahrungen nicht in ihr Selbstkonzept integrieren. Sie lehnt nicht ideale Zustände und Verhaltensweisen als jenseits des Möglichen ab und schließt aus, dass Menschen – einschließlich sie selbst – mit solchen annehmbar und liebenswert sind. Dies erzeugt Stress, eine Abwehrhaltung und schädliches Verhalten, um sich gegen Erfahrungen, die nicht optimal sind, zu schützen und Stress abzubauen. Das Selbstbild bleibt unflexibel, Real-Selbst und Ideal-Selbst klaffen auseinander und die psychische Verfassung ist instabil.

Denken wir an eine Mutter, die geduldig und liebevoll sein will. Eines ihrer Kinder kommt zu ihr und braucht Unterstützung beim Verfassen eines Bewerbungsschreibens. Sie versucht, ihm zu helfen, aber es ist unendlich anstrengend. Das

Kind macht viele Fehler, hat keine Lust, läuft davon. Auch die Mutter verliert die Lust und beginnt zu schimpfen. Nach Stunden ist die Bewerbung endlich fertig, ebenso sind es Mutter und Kind. Die Mutter ist mit ihrem Vorgehen unzufrieden, verurteilt sich und lehnt ihr Verhalten als unzulänglich ab. Ihre hohen Ansprüche an sich als Mutter und ihr Selbstbild sind nicht erfüllt. Sie verdrängt jedoch ihre Gefühle gegenüber sich selbst, projiziert sie auf das Kind und meint, dass aus ihm nichts Gescheites werden würde.

Grundsätzlich versuchen Menschen, die Diskrepanz zwischen ihren Erfahrungen und ihrem Selbstbild klein zu halten. Sind jedoch viele Erfahrungen nicht mit dem Ideal-Selbst zu vereinbaren, muss das Selbstbild angepasst werden. Anpassung bedeutet Arbeit. Auch wirken Erfahrungen, die das Ideal-Selbst infrage stellen, bedrohlich. Das Selbstbild muss verteidigt werden. Dies geschieht in der Regel durch unterbewusste psychische Vorgänge, sogenannte Abwehrmechanismen (Freud 2006). Bekannte Abwehrmechanismen sind Verleugnen, Verdrängen, Rückzug in frühe Entwicklungsphasen, Abwerten, Überhöhen oder die Projektion eigener Themen auf andere.

So hat auch die Mutter aus unserem zweiten Beispiel verschiedene Abwehrmechanismen angewandt, um ihr Selbstbild nicht um die belastende Erfahrung von Unlust, Überforderung, Wut und Versagen erweitern zu müssen. Sie verleugnete: »Ach, so arg war das nicht!« Sie verdrängte: »Du hast genug andere Probleme, vergiss es einfach.« Sie distanzierte sich: »Mit mir hat das nichts zu tun.« Und sie wies die Schuld anderen zu, wertete sie ab und erhöhte sich selbst: »Der ist faul, kein Wunder bei dem Vater. So wird nichts aus ihm.« Bleibt die Mutter bei ihren Abwehrmechanismen, hält sie ihre belastende Erfahrung fern von ihrer Selbstwahrnehmung und weigert sich, ihr Selbstbild zu aktualisieren – ihre Haltung erzeugt Verhalten, das ihr selbst und ihrem Kind schadet. Kann sie hingegen ihr nicht ideales Verhalten akzeptieren, Selbstmitgefühl und Klarheit entwickeln, wird sie mit ihrem Kind dessen Widerstand erforschen, sich für ihre Ausfälle entschuldigen, ihre Grenzen setzen und gemeinsam nach Lösungen suchen, um ähnliche Situationen besser bewältigen zu können.

KURZGEFASST Alles was wir innerlich und äußerlich erleben – also unsere Biografie –, bildet unser Selbstbild. Grundsätzlich streben wir danach, dieses zu erhalten, da dies Stabilität nach innen (wir wissen, wer wir sind) und nach außen (andere wissen, wer wir sind und wie sie zu uns in Beziehung stehen) bewirkt. Machen wir kongruente Erfahrungen, stimmen unser Real-Selbst und Ideal-Selbst überein. Verhalten wir uns jedoch anders, als wir das von uns erwarten, sei dies in positiver oder negativer Hinsicht, müssen wir die neue Erfahrung durch Selbstbildaktualisierung integrieren. Dieser Prozess kann nach innen und in Beziehung zu Mitmenschen Anstrengung bedeuten, fördert aber in jedem Fall die persönliche Entwicklung.

Wie erleben Sie Ihr Real-Selbst? Welches ist Ihr Ideal-Selbst? Können Sie die beiden unterscheiden? Welche Werte haben Sie erworben? Was ist Ihnen wichtig im Leben? Welche Erfahrungen wirken noch heute prägend auf Ihr Selbstbild? Und wie nahe, denken und fühlen Sie, liegen Ihr Real- und Ideal-Selbst beieinander? Erstellen Sie ein Bild oder eine Collage zu Ihrem Selbstbild.

»Ich stand berufsbedingt in der Öffentlichkeit, die mich völlig anders wahrnahm, als ich dies tat. Ich erlebte mich zum Beispiel nicht als fröhlich, konnte aber gut so tun, als ob. Ich war eine Meisterin im Vorgaukeln, was mich aber innerlich immer nur noch ärmer machte.«

Sich selbst annehmen

Unser Ideal-Selbst entsteht durch Werte, an denen wir uns orientieren, die uns viel bedeuten und unser Verhalten lenken. Damit entspricht es oft auch den inneren Zielen, die wir auf unserem Genesungsprozess ansteuern. Das Ideal-Selbst ist unerlässlich für unsere Entwicklung. Wir können uns jedoch ab und an fragen, ob die ideale Vorstellung unser selbst eine hilfreiche und heilsame ist, oder ob wir unser ideales Selbstbild ändern möchten, damit es uns bei der Genesung unterstützt.

GUT ZU WISSEN

Das Bewusstsein über unser Selbstbild fördert die Genesung

Das Real-Selbst entspricht der tatsächlichen Realität, die durch Körperwahrnehmung fühlbar ist. Um Selbstheilung herbeizuführen, ist es wichtig, dass wir uns selbst wahrnehmen und unsere Realität erstmals bedingungslos akzeptieren. Da unser Gehirn jedoch zwecks Überleben Negatives stärker fokussiert als Positives, erleben wir die Realität gerade in Krisen und Belastungssituationen einseitig negativ. Neben der ungeschönten Selbstwahrnehmung können wir uns also stets fragen, welche positiven Inhalte auch noch real fühlbar sind, welche Entwicklungsschritte wir bereits gemacht haben und welche unserer Errungenschaften wir feiern können.

Bringen wir unser Ideal-Selbst mit unseren seelischen Entwicklungszielen in Übereinstimmung und nutzen es als Orientierung für unsere Genesung, kann es uns wie ein Magnet zu sich hinziehen.

Klafft eine Lücke zwischen Real-Selbst und Ideal-Selbst und sind wir bereit, dies wahrzunehmen, steht unserer Entwicklung nichts im Weg. Es zeigt, dass wir uns nicht mit Belastungen und Einschränkungen abfinden, sondern genesen wollen. Während die beschriebenen Abwehrmechanismen persönliche Entwicklung blockieren, öffnen Selbstakzeptanz und -mitgefühl die Tür zur Selbstheilung. Wir sind nicht nur auf erfüllende Beziehungen von außen angewiesen, liebevolle Beziehungsfähigkeit gegenüber uns selbst ist die Bedingung für Genesung. Auf diese Weise kann es uns gelingen, beide Bereiche unseres Selbstbildes zu verbinden und positiv zu nutzen.

Nehmen Sie Ihr reales Körper- und Selbstgefühl wahr. Welche Herausforderungen sind einfacher, welche schwieriger zu akzeptieren? Wann fühlen Sie sich besser, wann schlechter? Was haben Sie bereits erreicht? Worauf dürfen Sie stolz sein? Können Sie Ihre Erfolge feiern?
Nehmen Sie auch wahr, wie Sie sein möchten. Wer sind Sie, wenn Sie Ihre Herausforderungen bewältigt und Ihre Probleme gelöst haben? Gibt es Ideale, mit denen Sie sich selbst schaden? Gibt es solche, die Sie loslassen möchten? Sie können das, was Sie loslassen möchten, beispielsweise aufschreiben und aufzeichnen, um es zu verbrennen. Oder Sie übergeben es einem Stein und werfen diesen in einen Fluss.

→ ESR, EMDR, Affirmationen, Lebenssinn und Spiritualität (Download Emotional- und Mentalbereich) können helfen, alte Selbstbilder loszulassen und heilsame willkommen zu heißen.

»Tief in mir drin bin ich unendlich traurig – und niemand außer mir nimmt das wahr. Ich bin allein damit, dieses Gefühl gehört mir allein. Erst durch die Arbeit an meinen depressiven Symptomen gelang es mir, dieser Traurigkeit in die Augen zu schauen und ihr die Bedrohlichkeit zu nehmen, die sie für mich jahrzehntelang hatte.«

Belastendes Verhalten verstehen

Hinter jedem belastenden Verhalten stehen grundlegende Bedürfnisse. Bereits in der frühen Psychoanalyse wurde erkannt, dass psychische Erkrankungen auch einen Gewinn mit sich bringen, den sogenannten Krankheitsgewinn. Belastende Verhaltensmuster haben für uns einen immanenten, also innewohnenden Vorteil. Positiv betrachtet heißt dies, dass wir nicht dumm sind, sondern gute Gründe für unser belastendes Verhalten haben – oder ursprünglich hatten. Da Beziehungserhaltung und Bindung in biologischer und seelischer Hinsicht unsere zentralen Anliegen sind, wir außerdem auf Belohnung und Bestrafung reagieren und uns in einer oft nicht idealen Welt entwickeln, können wir stets nach einem Zusammenhang zwischen unserem sozialen Umfeld und Verhalten suchen. Dieser wächst und entwickelt sich innerhalb unseres sozialen Umfelds. Unsere Nächsten nähren uns situationsbedingt entweder mit Zuwendung oder strafen uns mit Ablehnung, so bilden sich unser Selbstbild und Verhalten. Spiegelnd erfahren wir, wer wir sind und auf welche Art wir willkommen sind. Belastende Handlungen können verhindern, dass wir mit bestimmten Inhalten – offenbar für unsere Psyche unerträglichere, als das belastende Verhalten selbst – umgehen müssen.

»Er war der Beste in allem, auch im Sport. Er sah blendend aus, war stets gut gelaunt und kam aus einer wohlhabenden Familie. So heiratete er das hübscheste Mädchen aus seinem Dorf und gründete mit ihr eine Familie. Es war das pure Glück, zumindest von außen. Als sie Kinder bekamen, war er plötzlich mit alten familiären Belastungen konfrontiert. Auch seine Arbeit verlangte ihm viel ab. Er fühlte sich gestresst, bekam üble Laune. Aber das war nicht er. Er war der Überflieger und wollte es bleiben. Trinken versetzte ihn in gute Laune – und so begann er zu trinken, ein bisschen und immer mehr, um seinen Herausforderungen mit einem Schulterzucken gerecht zu werden. Er wurde suchtkrank ob dem Druck, weiterhin die Erwartungen seines Umfelds zu erfüllen und stets ein großartiger Typ zu sein.«

Auch wenn sich Menschen weiterentwickeln und genesen wollen, spielt einmal angeeignetes Beziehungswissen eine Rolle und leitet unser Verhalten.

»Sie wurde krank, wenn sie etwas anpacken wollte. Jedes Mal versagte ihr Immunsystem und sie stand unter großem Stress, wollte sie ihre Energie in ihre Interessen investieren. Lange verstand sie nicht, wie ihr geschah, sie gab sich selbst die Schuld und dachte, dass etwas mit ihr nicht stimmte. Erst als sie begriff, dass sie in ihrer Familie den Platz der Versagerin innehatte – und keinen anderen bekommen würde –, konnte sie ihre körperlichen Reaktionen beruhigen und genesen.«

Einmaliges kurzfristiges belastendes Verhalten stellt für Körper und Psyche meist kein Problem dar. Erst durch Wiederholung entstehen aufgrund der Neuroplastizität stabile neuronale Reiz-Reaktions-Muster. Das Gehirn formt sich durch oft wiederholte Verhaltensmuster um und lässt sie durch sogenannte Automatismen ohne bewusstes Denken von allein geschehen. Gerade bei automatisiertem Verhalten müssen wir folglich an den Anfängen und nach Ursachen suchen, um uns selbst verstehen zu können.

KURZGEFASST Die Erfahrungen, wie wir Bindung zu unseren Bezugspersonen erlangen und durch welche Verhaltensweisen wir Beziehungen sichern, werden von klein auf in unserem Körper abgespeichert. Sie prägen die Reaktionsmuster unseres Nervensystems und damit unser Verhalten. Benehmen wir uns entgegen einem automatisierten Verhalten und sind – oder waren – Beziehungen dadurch gefährdet, erleben wir Stress. Auch wenn wir Belastungen kognitiv erkannt und uns geistig bereits weiterentwickelt haben, reagiert der Körper oft unabhängig vom Bewusstsein nach alten Prägungen. Sie dauern an und versetzen uns so lange in Aufruhr, bis wir sie reflektiert und desensibilisiert, also bis hin zu körperlichen Strukturen gewandelt haben.

Gibt es automatisierte Verhaltensmuster, die Ihnen schaden? Leiden Sie unter körperlichen Symptomen, die bei bestimmten Themen akut auftreten und Ihr Verhalten steuern? Nehmen Sie sich mitfühlend Ihrer selbst an. Lernen Sie, Ihre Körpersprache zu deuten, indem Sie Ihre Körpersymptome in Worten und Bildern ausdrücken. Welche Gefühle drücken sie aus? Was verursacht so viel Stress? Wann wird es schlimmer, wann besser?

→ Wenden Sie die Tools »Das Gute des Schlechten« und »Körpersymptome übersetzen« im Download Körper- und Verhaltensbereich an. Das Fassmodell (Mentalbereich) kann Ihnen helfen, die Dynamik des Geschehens und Ihre Möglichkeiten, positiv darauf einzuwirken, bildhaft darzustellen.

»Meine Essstörung aufrechtzuerhalten, gibt mir Sicherheit. Jene Sicherheit, die ich nicht hätte, wenn ich fortan ›normal‹ essen würde. Ich müsste Angst haben, zuzunehmen und schließlich wieder abgelehnt zu werden. Ich fürchte mich vor dem Urteil ›Du bist dick‹.«

Verhaltensweisen verändern

Das Problem von belastendem Verhalten liegt also nicht nur in diesem selbst begründet, sondern in der Schwierigkeit, es zu reflektieren, da es sich als automatisiertes Muster abgelegt hat. So nehmen wir oft nicht wahr, dass wir selbst es sind, die sich schädigend verhalten. Innere und äußere Umstände scheinen zu geschehen, ohne dass wir sie beeinflussen können. Eine Methode, wie automatisiertes Verhalten ins Bewusstsein gebracht werden kann, ist die sogenannte SORK-Verhaltensanalyse (Caspar u.a. 2018). Sie wird als therapeutisches Mittel eingesetzt, kann jedoch – leicht abgewandelt – auch zur Selbstheilung genutzt werden. Dabei werden automatisierte Verhaltensmuster, die sowohl uns selbst als auch andere belasten, erforscht. Vereinfacht dargestellt, löst eine Situation, verbunden mit persönlichen Merkmalen eine körperliche, emotionale und kognitive Reaktion aus. Diese wiederum führt zu einer kurz- und langfristigen Konsequenz. Das folgende Erfahrungsbeispiel veranschaulicht die Dynamik:

»Immer wenn ich zu einem Termin muss, der an einem unbekannten Ort stattfindet, bekomme ich Angst und denke: ›Das schaffe ich nicht.‹ Ich bin eine sehr unsichere Person und überzeugt, dass ich es nicht allein schaffe, zu einer mir unbekannten Ärztin oder Behörde zu gehen. Deshalb nehme ich immer meine Frau mit. Manchmal muss sie sogar Termine absagen, um mich zu begleiten. Sie macht das zwar, aber ich spüre, dass sie genervt ist, das macht mich traurig und unsicher. Wenn ich allein gehe, dann fühle ich mich hilflos und überfordert. Ich weiß, dass ich das nicht kann. Mein Herz klopft, meine Knie sind weich und ich verlaufe mich oft. Wenn meine Frau mitgeht, fühle ich mich sicherer, aber gleichzeitig auch schlecht, da ich ihre Unzufriedenheit spüre. Ich habe jedes Mal das Gefühl, zu versagen.«

Zuerst einmal gilt es, unreflektierte Muster zu identifizieren. Diese entstehen durch häufig auftretende Situationen, deren Verlauf und Ergebnis uns selbst und andere stören. Nehmen wir eine solche Situation wahr, beschreiben wir sie so genau wie möglich und versuchen, ihren Auslöser zu identifizieren.

Situation Auslöser des Verhaltensmusters ist der bevorstehende Gang zu einer Behörde oder ärztlichen Versorgung an einem unbekannten Ort.

Danach arbeiten wir die persönlichen Merkmale heraus, also unsere Biografie, Glaubenssätze, Werte und inneren Erwartungen.

Persönliche Merkmale Der Mann empfindet Unsicherheit und identifiziert sich damit (Ich bin ein unsicherer Mensch – nicht: Ich erlebe Unsicherheit). Er ist überzeugt, dass er für die Herausforderung Unterstützung braucht.

Anschließend analysieren wir, wie sich das Verhalten körperlich, emotional und kognitiv auswirkt.

Reaktion Sein Herzschlag steigt, die Knie werden weich, allein verliert er die Orientierung. Daher nimmt er seine Frau mit. Sie ist von dem Verhalten genervt, das macht ihn traurig.

Letztendlich analysieren wir die belastende Konsequenz des Handelns aus kurz- und langfristiger Sicht.

Konsequenz Seine Überzeugung, dass er die Herausforderung nicht allein bewältigt, wird bestätigt. Kurzfristig sinkt sein Selbstwert, er hat das Gefühl, zu versagen, und spürt die Unzufriedenheit seiner Frau. Langfristig wirkt sich dies negativ auf sein Selbstbewusstsein und seine Partnerschaft aus.

Kennen Sie solche Muster von sich und möchten eines davon verändern? Dann nutzen Sie Ihr Notizbuch und analysieren Sie das Verhalten nach den beschriebenen Schritten: Situation und persönliche Merkmale, Reaktion auf körperlicher, emotionaler und mentaler Ebene sowie kurz- und langfristige Konsequenz.

»Ich kann mich nicht entwickeln. Immer wenn ich etwas anpacke und sehe, dass ich gut darin bin, erkranke ich körperlich. Ich werde wütend, verzweifelt und fast wahnsinnig. Irgendwann habe ich meine Energie aufgebraucht und versuche erst gar nicht mehr, etwas gut zu machen.«

Ist die Verhaltensanalyse abgeschlossen, erfolgt die Arbeit am Verhalten. Dabei gehen wir die einzelnen Schritte erneut durch und suchen nach Veränderbarkeit.

Häufigkeit der Situation Der Mann kann hinterfragen, auf wie viele Lebensbereiche er seine Unsicherheit übertragen hat. Wo meint er, überall Unterstützung zu brauchen? Und worin erlebt er Sicherheit?

Danach können wir persönliche Merkmale, die durch unsere Biografie, Glaubenssätze, Gedanken, Werte und innere Erwartungen auftreten, analysieren.

Hinterfragen persönlicher Merkmale Der Mann kann sich an zahlreiche Ereignisse in seiner Kindheit erinnern, bei denen er sich unsicher und hilflos gefühlt hat. Er erkennt, dass Unsicherheit seine Lebensrealität prägte. Nun kann er bereits vorhandene Gefühle der Sicherheit wahrnehmen und diese bewusst spüren und nähren. Beobachtet er die Realität anderer, findet er Wege, von ihnen zu lernen.

Arbeit mit Reaktionen, Verankern von Zielen Der Mann spürt sein inneres unsicheres Kind und lernt, dieses – also sich selbst – bei Herausforderungen an die Hand zu nehmen. Belastende Erinnerungen desensibilisiert er mit Stressabbau. Er macht eine Imaginationsübung und stellt sich vor, wie er sich selbst erfolgreich zu seinem nächsten Termin begleitet. Er verankert diese Vorstellung körperlich (ESR und EMDR zur Ressourcenstärkung, Download Emotionalbereich) und nimmt wahr, wie gut sich Selbstständigkeit emotional und körperlich anfühlt. Er genießt seinen Stolz und seine Würde bei dieser Vorstellung.

Beim letzten Schritt überlegen wir, welche Maßnahmen wir brauchen, um das neue Verhalten umzusetzen.

Konsequenz und Umsetzung Der Mann entscheidet – auch wenn es ihm anfänglich schwerfällt –, seine Termine zukünftig allein wahrzunehmen. Er macht sich mit der Karte auf seinem Smartphone vertraut und plant seinen Weg im Vornherein. Auf dem Weg nutzt er eine unauffällige Atemübung, um sich zu beruhigen, und pflegt den Kontakt zu seinem unsicheren kindlichen Anteil. Er würdigt seinen anstrengenden Lernprozess und freut sich mit seiner Frau, wenn er es geschafft hat – gemeinsam feiern sie sein Erfolgserlebnis.

KURZGEFASST Verhaltensänderung entsteht durch Wahrnehmung und Reflexion. Biologisch wird sie durch Neuroplastizität und Wiederholung des neuen Verhaltens ermöglicht. Sie ist ein steter Prozess und gelingt, wenn wir uns über Probleme und Dilemmata bewusst werden und neue, förderliche Lösungen suchen. Die Verhaltensmuster stehen direkt oder indirekt im Zusammenhang mit Bedürfnissen, sozialer Beziehung und dem Wunsch nach Stressreduktion. Unerwünschte Verhaltensweisen sind kurzfristig stets erfolgreich. Sonst würden wir diese nicht als Bewältigungsstrategien anwenden. Neues, förderliches Verhalten muss durch häufige Anwendung zur Gewohnheit, zu einem neuen Automatismus werden.

Nutzen Sie die beschriebenen Schritte, um nach Möglichkeiten der Verhaltensänderung zu suchen. Handelt es sich um ein Verhalten, das durch Verletzungen entstanden ist, nutzen Sie Stressabbau, die Arbeit mit Introjekten oder inneren Teammitgliedern (Seite 85 und Seite 94), um biografische Belastungen auch auf der Ebene Ihres Nervensystems zu desensibilisieren. Visualisieren Sie Ihr gesundes Selbst (Seite 20), wird es Ihnen einfacher fallen, neues Verhalten anzuwenden.

»Ich analysiere, wann körperliche Erkrankung auftritt. Auch beobachte ich, welche Beziehungen mich stärken und welche mich schwächen, und wähle sie bewusster aus. Ich realisiere, dass ich nicht dumm bin, sondern über viele Begabungen verfüge, diese aber derzeit nicht abrufen kann. Mit emotionalem Stressabbau beruhige ich mein inneres Kind und löse selbstschädigende Automatismen schrittweise mit förderlichem Ver-

halten ab. Über die Jahre entwickle ich ein gesundes Selbstbild und werde zunehmend erfolgreich in meinem Tun.«

Gute Gewohnheiten einführen

Um belastendes Verhalten zu ändern, hilft es, mehr über Gewohnheiten zu wissen. So verfehlen wir unsere Ziele nachweislich zu einem großen Prozentsatz, wenn wir sie mit reiner Willensanstrengung anstreben (Wood 2019). Selbst den Willensstärksten unter uns gelingt es nicht, sich bei jeder Handlung stets von Neuem für das einst gewählte Ziel zu entscheiden. Vielmehr brauchen wir nutzbringende Gewohnheiten, die uns darin unterstützen, unsere Ziele zu erreichen.

Durch verschiedene Hilfsmittel können wir förderliche Gewohnheiten – oder Verhaltensmuster – einführen. Geschehen solche einmal automatisiert, also von selbst, wirken sie langfristig stärkend auf Körper und Psyche. Wir brauchen unsere geistigen Ressourcen nicht mehr für Alltägliches aufzuwenden und können uns stattdessen auf Wichtiges wie neue Entwicklungen fokussieren. Um belastende Gewohnheiten mit konstruktiven zu ersetzen, nennt die Psychologieprofessorin Wendy Wood zwei Kräfte, die uns zur Verfügung stehen:

Hinderliche Kräfte (engl. restraining forces) brauchen wir, um schädliche Gewohnheiten abzulegen. So ist es von Bedeutung, Menschen, die unsere Entwicklung gefährden, und Umfelder, die schädliche Gewohnheiten fördern, zu meiden. Wir gewöhnen uns negative Gewohnheiten ab, indem wir ihnen aus dem Weg gehen. Beispielsweise können wir das Alkoholregal meiden oder dort einkaufen, wo kein Alkohol im Angebot ist. Und wir schränken den Kontakt zu Bekannten mit Suchtproblemen ein, um nicht in Versuchung zu geraten. Es ist wichtig, das, was uns schadet, aus unserer Umgebung zu entfernen, also den Alkohol wegzuschütten. Gewohnheiten, die wir nur reduzieren möchten, können wir unzugänglich machen, indem wir beispielsweise das Auto zuhinterst in der Garage parken – und damit eher das Rad nehmen – oder das Smartphone bei der Wanderung auf »nicht stören« stellen und im Rucksack verstauen.

Gibt es eine belastende Gewohnheit, die Sie ablegen möchten? Wenden Sie bewusst hinderliche Kräfte an. Schreiben Sie Ihre Überlegungen in Ihr Notizbuch.

»Ich umgehe Essattacken, indem ich es vermeide, bestimmte Lebensmittel einzukaufen, die mir gefährlich werden können, wie Pasta oder Brot.«

Förderliche Kräfte (engl. driving forces) können wir nutzen, um hilfreiche Gewohnheiten einzuführen. Wichtig sind wiederum Menschen, die das wünschenswerte Verhalten leben, sowie Erreichbarkeit, Regelmäßigkeit und Struktur. Hilfreich ist es, Bedürfnisse rechtzeitig bewusst zu befriedigen und zu organisieren, was für die gute Gewohnheit notwendig ist. Wollen wir beispielsweise gesund essen, hilft es, satt einkaufen zu gehen, eine Einkaufsliste zu erstellen und kochen zu lernen. Um mehr Bewegung in den Alltag einzuführen, ist es nützlich, die Joggingschuhe oder die Yogamatte griffbereit zu platzieren und genügend saubere Trainingskleidung bereitzuhalten. Wollen wir mehr für Prüfungen lernen, treffen wir uns mit Gleichgesinnten, um gemeinsam zu lernen. Indem wir uns an fixe Abläufe halten, erleichtern wir unserem Gehirn das Einführen der guten Gewohnheit. Beispielsweise nehmen wir Medikamente am besten stets zur gleichen Zeit ein, stellen sie sichtbar in Griffnähe oder halten uns regelmäßige Zeitfenster frei, um das Fitnesscenter um die Ecke (am besten mit Kolleginnen oder Kollegen) zu besuchen.

Sind die passenden Maßnahmen einmal getroffen, wird die neue zielführende Handlung wiederholt durchgeführt. Die bewusste Entscheidung – und anfangs oft auch Überwindung – zur Handlung bleibt so lange notwendig, bis diese automatisiert ist und ohne bewusstes Zutun abläuft. Dies braucht anfänglich Geduld, lohnt sich aber bei Erfolg umso mehr.

Gibt es eine gesundheitsfördernde Gewohnheit, die Sie einführen möchten? Wie fühlt sich die Vorstellung der Gewohnheit an? Gibt sie Ihnen Kraft? Ist es eine Gewohnheit, die mit Selbstmitgefühl zu vereinbaren ist? Nutzen Sie die beschriebenen förderlichen Kräfte. Schreiben Sie Ihre Beobachtungen beim Einführen der neuen Gewohnheit in Ihr Buch.

»Um gar nicht erst auf die Idee zu kommen, im Restaurant Alkohol zu bestellen, habe ich mir diesen Satz eingebläut: ›Ich hätte gerne eine Cola Zero.‹ Mittlerweile kommen mir die Worte ohne nachzudenken über die Lippen.«

Bei Schwierigkeiten, schlechte Gewohnheiten abzulegen, können wir uns fragen, wozu uns die schädliche Gewohnheit dient. Wir können ihren – vielleicht verborgenen – Nutzen und die darunterliegenden Bedürfnisse ergründen. So können wir beispielsweise erkennen, dass Süßes, Alkohol oder Cannabis Stress abbauen, entspannen und die Stimmung aufhellen. Zigaretten ermöglichen tiefes Durchatmen. Gaming und Zocken helfen, den Alltag zu vergessen. Es besteht folglich der Bedarf nach Entspannung, Stressabbau, Freude, tiefem Durchatmen und Abschalten. Nun können wir uns fragen, wie wir diese Bedürfnisse mit gesundheitsfördernden Handlungen (die durch Wiederholung zur Gewohnheit werden) befriedigen können.

»Es ist für mich oft einfacher, mich selbst zu verletzen, als das wahrzunehmen, was darunter liegt, wie Selbstkritik und Selbsthass.«

KURZGEFASST Genesung bedingt Verhaltensänderung und neue konstruktive Gewohnheiten. Um schädliche Gewohnheiten abzulegen, brauchen wir hinderliche Kräfte, um positive Gewohnheiten einzuführen, helfen uns förderliche Kräfte. Erkennen wir die tiefliegenden Bedürfnisse hinter belastenden Gewohnheiten, fällt uns Verhaltensänderung leichter. Auch ist es notwendig, dass wir Körper- und Selbstwahrnehmung fördern, da diese Auskunft über unsere Gefühle, Stressoren und Bedürfnisse geben.

Verhalten im Überblick

Unser Verhalten ist wandelbar, wenn wir jede Ebene der Lebensregulation mit einbeziehen; allen voran unseren Körper durch Wahrnehmung, konkrete Handlung und das Automatisieren guter Gewohnheiten. Unseren Geist nutzen wir durch Reflexion und die Bewusstwerdung unserer grundlegenden Bedürfnisse. Emotionen und Gefühle wandeln sich, indem wir anders handeln, Annäherung und Distanz zu allem, was uns begegnet, neu regulieren. Auch ändern sie sich, indem wir ihnen je nachdem mehr oder weniger Raum gewähren, sie zur Lebensgestaltung nutzen lernen und Stress abbauen. Auf diese Weise können wir unser Verhalten bewusster steuern und auf neue, heilsame Art in Beziehung zu unseren Mitmenschen und der Umwelt treten.

So wie wir uns über die Dauer lebend – und meist unbewusst – entwickelt haben, brauchen wir Zeit, um auf allen Ebenen unser Selbst umzuformen. Einen Wandel in unserem Verhalten zu vollbringen, bedingt dauerhafte, bewusste Wahrnehmung innerer Abläufe – und dies braucht sehr viel Energie. Grundlegende Verhaltensänderungen geschehen nie aus Spaß und von selbst. Im Gegenteil ist unser Gehirn darauf ausgelegt, einmal erlernte, zur Bedürfnisbefriedigung als nützlich erkannte Muster zu festigen und diese auf andere Umstände und Anforderungen zu übertragen, um Energie zu sparen. Daher können wir uns oft erst, wenn wir an existenzielle Grenzen stoßen, dazu entscheiden, unser Verhalten von Grund auf zu wandeln. Eine Vision unseres gesunden Selbst, die Auseinandersetzung mit unseren Werten, unserem Lebenssinn und der Spiritualität sowie Bewegung und sinnliche Impulse regen unser Gehirn nachweislich zur Veränderung und Flexibilität an (Cortes u. a. 2009; Hoffman u. a. 2008).

Und wie ein Muskel, der trainiert wird, werden wir zunehmend zuversichtlich, was unsere Wandelbarkeit betrifft, haben wir sie erstmals erfahren. Wir lernen, nach welchen Mustern wir funktionieren und welche Techniken uns bei der Genesung unterstützen. Erfolgserlebnisse erzeugen Selbstvertrauen in unsere Lösungsfähigkeit und Lust auf weitere ebensolche Erfahrungen. Wir werden selbstwirksam, können also unseren Herausforderungen mit Selbstvertrauen begegnen. Persönliche Veränderung wird zur Gewohnheit und ist mit immer weniger Anstrengung verbunden.

Körper, Emotionen, Gefühle und Gedanken sind untrennbar miteinander und wir mit unserer Umwelt verbunden. Veränderungen auf einer Ebene wirken auf unser ganzes Selbst. Erst wenn wir unser Wesen ganzheitlich und in Beziehung wahrnehmen, können wir unsere Belastungen verstehen. Diese stete Wechselwirkung zwischen dem sozialen Geschehen und allen Ebenen der Lebensregulation können wir nutzen, um durch gezielte Impulse positiv auf unser psychisches und körperliches Befinden einzuwirken.

Genesung tritt nicht ein, wenn wir Expertinnen und Experten für unsere Probleme werden, uns aber gleichbleibend schlecht oder gar nicht fühlen. Längerfristig schadet es unserer Gesundheit, wenn wir körperlich zwar fit sind, die persönliche Entwicklung aber eingeschränkt bleibt. Auch erfahren wir kein Wohlgefühl, wenn wir unsere Gefühlswelt bewusst erleben, diese aber überhandnimmt. Selten reicht es aus, psychosomatische Beschwerden allein durch körperliche Ansätze zu heilen. Körper, Emotionalbereich und Geist sind vielmehr gleichbedeutend, wenn es darum geht, zu genesen. Durch unseren Geist sind wir fähig, innere und äußere Erlebnisse zu reflektieren und positive Entwicklung bewusst einzuschlagen. Gefühle laden uns ein, uns selbst innerhalb unserer Lebenswelt wahrzunehmen, Entscheidungen und Beziehungen so anzupassen, dass sie langfristig möglichst erfüllend wirken. Emotionen dienen als Impulse zur Annäherung oder Distanzierung, sie sichern unser Überleben und unsere Integrität.

Im Grunde aber sind wir körperliche Wesen und psychische Gesundheit findet zu einem Großteil körperlich – beispielsweise nervlich – statt. Sinnesempfindungen informieren uns über latente oder akute Belastungen, Sicherheit und Wohlgefühl, Bedürfnisse und unterbewusste Inhalte sowie die Qualität von Verhaltensmustern. Unseren Körper achtsam zu bewohnen, eröffnet erst den Zugang zur Gefühlswelt, zu Intuition, Instinkt, Kreativität und praktischer Intelligenz. Der Körper führt uns auch zu unserer Spiritualität, Selbstheilungskraft und Entwicklungsfähigkeit.

Dabei braucht unser Körper ein Gegenüber, um sich selbst zu erkennen. Erst durch andere sind wir fähig, uns selbst als Menschen zu erfahren. Durch unsere Körper – genauer durch Präsenz, nonverbale Kommunikation und Spiegelneurone – können wir gemeinsame Lebensrealitäten teilen. So brauchen Kinder die liebevolle körperliche, emotionale und sprachliche Zuwendung ihrer Bezugspersonen, um zu lernen und ein gesundes Selbstbild zu entfalten. Ein Mangel an positiver Beziehung wirkt sich belastend auf Körper, Psyche und Entwicklung aus. Auch als Erwachsene sind es Aufmerksamkeit, Zuwendung und Liebe, die uns psychisch und körperlich gedeihen lassen.

Zuwendung und Liebe sind denn auch der größte – und meist unbewusste – Motivator für unser Verhalten. Durch Körperwahrnehmung erfahren wir, ob Gemeinschaft erfüllend und beruhigend ist oder ob unser Gegenüber unter Stress steht, ein Defizit an Liebe hat und uns keine Zuwendung geben kann. Oder wir erkennen, dass wir durch unsere kindliche Prägung Zuwendung stets auf dieselbe aussichtslose Weise suchen. Unsere körperliche Realität gibt letztlich Auskunft darüber, wie es mit der Freundschaft gegenüber uns selbst steht. Lernen wir, auf unsere Körperresonanz zu hören, verbessert sich die Beziehung zu uns selbst und es wird zunehmend möglich, schmerzhafte Verhaltensweisen zu durchbrechen. Damit bringen wir einen positiven Kreislauf und unseren Genesungsprozess in Gang.

Aus eigener Kraft genesen

Psychische Genesung kann erst durch tiefe innere Überzeugung geschehen. Sind wir von einer psychischen Belastung oder Erkrankung betroffen, reicht es nicht aus, wenn andere uns dies spiegeln und uns beispielsweise Behandlung oder Medikation anraten. Es ist unumgänglich, aus eigenen Stücken zu erkennen, dass der Weg, den wir gerade beschreiten, ein krank machender, letztlich zerstörerischer ist. Solche sogenannte Krankheitseinsicht entsteht selten auf Wunsch. Meist erlangen wir sie durch (lebens-)bedrohliche Erschütterungen, die – einem Weckruf gleich – das tiefe persönliche Bewusstsein erzeugen, dass es so nicht weitergehen kann, obwohl wir oft keinerlei Lösungsansätze in unmittelbarer Reichweite wahrnehmen können.

Auch entsteht innere Motivation zur Genesung nicht zwingend, wenn wir bereits in Behandlung sind, noch weniger, wenn diese unter Zwang verordnet wurde. Sogenannte Therapiemotivation zeigt sich, indem wir zuverlässig unsere Behandlung durchführen und dabei kooperieren. Sie bedeutet jedoch nicht zwingend, dass wir tatsächlichen persönlichen Wandel wünschen, also Veränderungsmotivation verspüren. Diese ist jedoch die Voraussetzung dafür, um unsere Ressourcen zur Genesung aktivieren zu können.

In diesem Teil des Buches befassen wir uns mit der Gesundheitsversorgung und dem selbstwirksamen Umgang mit Fachpersonen, Medikamenten und Diagnosen. Wir zeigen, wie wir uns selbst auf unserem Genesungsweg begleiten können, und geben Anregungen, in welcher Weise das bisher aufgeführte

Wissen und unser persönliches Umfeld diesen Prozess unterstützen können.

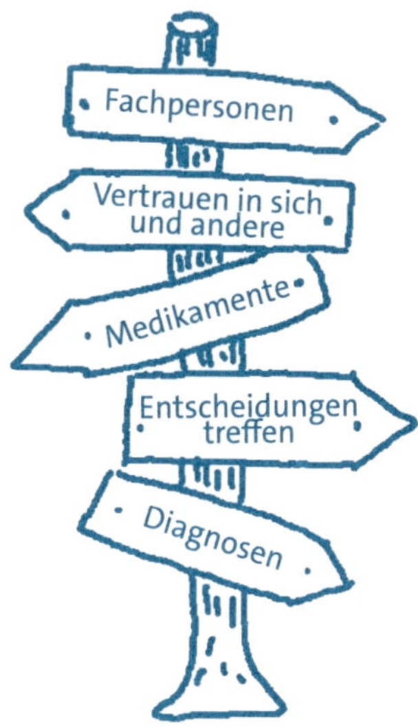

Abbildung 3: **Wegweiser zur Genesung**

Fachliche Unterstützung finden

Krisen, psychische Erkrankungen und Schicksalsschläge können die Unterstützung von Gesundheitseinrichtungen, Ärztinnen und Therapeuten erfordern. Bei dem vielfältigen Angebot, verbunden mit dem persönlichen Leidensdruck, kann die Auswahl der passenden Hilfeleistung eine Herausforderung sein. Suchen wir den Hausarzt auf, der körperliche Erkrankungen zwar hervorragend behandelt, fehlt diesem möglicherweise die Kompetenz im Umgang mit psychischen Krisen. Zahlreichen medizinischen Fachpersonen mangelt es außerdem an Bewusstsein, dass psychische Belastungen und körperliche Symptome in Wechselwirkung stehen.

Sogenannte MUPS, medizinisch unerklärbare körperliche Symptome (engl. medically unexplained physical symptoms), stellen für Betroffene, Ärztinnen und Ärzte eine Herausforderung dar. Erst die aktuelle Forschung deutet darauf hin, dass körperliche Störungen, die noch nicht organisch feststellbar sind, auf die Funktionsweise unseres Nervensystems zurückzuführen sind und von den Betroffenen durchaus real erlebt werden (Porges 2021). Körperliche Belastungen wiederum verschlechtern die psychische Verfassung. Das ganzheitliche Wirken von Psyche, Körper, sozialem Umfeld und eventueller Erschütterungserfahrung im Blick zu behalten, ist daher bei der Suche nach passender medizinischer Unterstützung sehr bedeutsam.

GUT ZU WISSEN

Ganzheitliche Wahrnehmung unterstützt beim Finden der richtigen Behandlung

Gehen körperliche Symptome mit einer psychischen Belastung einher? Eine Psychotherapie – gegebenenfalls in Kombination mit pflanzlichen Präparaten, Körperarbeit und Stressabbau – kann die Symptome auflösen.

Bestehen konkrete Belastungen, die die psychischen und körperlichen Symptome auslösen oder verschlimmern? Die Belastungsursachen zu erkennen, die Umstände bestmöglich anzupassen, Psychotherapie mit Fokus auf Verhaltensmuster sowie das Klären von Nähe und Distanz, können Linderung bringen.

Seit wann bestehen die psychischen Symptome? Sind sie schleichend als schädliche Gewohnheiten aufgetreten, eignen sich eine Verhaltensanalyse (Seite 155) und Verhaltenstherapie. Sind sie abrupt nach einer Erschütterungserfahrung aufgetreten, können Traumatherapie, Körperarbeit und Stressabbau Linderung bringen (Seite 52).

Bestehen körperliche Ursachen wie hormonelles Ungleichgewicht, die die Psyche belasten? In diesem Fall können körperliche Maßnahmen – seien diese schul- oder alternativmedizinisch – die psychische Verfassung stabilisieren.

Stellen Sie sich die Fragen in möglichst entspanntem Zustand. Nutzen Sie hierfür die Technik des emotionalen Stressabbaus. Stellen Sie sich vor, dass alles intuitive Wissen und alle Antworten auf Ihre Fragen in Ihnen selbst und in Ihrem nahen Umfeld liegen.

→ Durch den Muskelselbsttest können wir unsere Körperresonanz wahrnehmen lernen und Stressoren erkennen, um diese abzubauen. Auch Perspektivwechsel können dazu beitragen, die eigene gesundheitliche Situation intuitiv zu erfassen (Download Körper- und Mentalbereich).

KURZGEFASST Ein Gefühl für die eigene Erkrankung oder Belastung zu entwickeln, kann maßgeblich dabei helfen, die passende fachliche Unterstützung zu finden. Es ist für unseren Genesungsprozess von großer Bedeutung, wie wir unser Erleben einordnen und gegenüber Gesundheitsfachpersonen kommunizieren. Wir können Intuition für unsere inneren Prozesse entwickeln, indem wir körperliche, emotionale, lebensgeschichtliche und soziale Aspekte miteinander in Beziehung setzen. Auf diese Weise werden wir kompetent im Hinblick auf unseren Genesungsprozess und können Fachpersonen gezielter auswählen sowie unnötige, gar belastende Behandlungen vermeiden.

»Ich konnte nicht mehr atmen. Meine Nase war chronisch geschwollen, exakt, seit es mir psychisch schlechter ging. Der Hals-Nasen-Ohren-Arzt meinte, ich müsse mich unbedingt operieren lassen, da meine Nasengänge zu eng seien. Früher konnte ich aber problemlos atmen und hatte nie Probleme. Ich informierte mich über den unsicheren Erfolg solcher Operationen und entschied, meine psychische Verfassung zu bearbeiten und die Körpersymptome nur am Rande zu beachten. Sie verflüchtigten sich – dauerhaft! – von selbst, als es mir psychisch wieder besser ging.«

Vertrauen aufbauen

Treten wir mit Fachpersonen wie Psychiaterinnen, Hausärzten oder Therapeutinnen in Kontakt, sind Vertrauen sowie eine offene und transparente Beziehung entscheidend (Rauthmann u.a. 2015). Vertrauen muss beidseitig entstehen und ist gerade bei solch persönlichen Belangen keinesfalls alltäglich oder gegeben. Klient und Fachperson müssen darauf vertrauen können, dass sich ihr Gegenüber weder manipulativ noch missbräuchlich verhält, um beispielsweise ohne Rechtfertigung an Krankheitszeugnisse, Therapien oder Medikamente zu gelangen oder Operationen und Medikamente aus finanziellem Interesse zu verordnen. In der Regel entscheiden wir in Millisekunden anhand von Intuition, biografischen Erfahrungen, Mimik, Gestik und Gruppenzugehörigkeit, ob wir unserem Gegenüber vertrauen oder nicht (Fareri 2019). Dabei können wir institutionelles und interpersonelles Vertrauen unterscheiden:

Institutionelles Vertrauen können wir in eine psychiatrische Klinik, Hausarzt- oder Physiotherapiepraxis haben. Es wird durch eigene Erfahrungen geprägt.

Nehmen Sie Ihr Institutionelles Vertrauen wahr, bevor Sie eine Gesundheitseinrichtung besuchen. Welche Erfahrungen haben Sie mit der Institution gemacht? Empfinden Sie Vertrauen oder Misstrauen? Es kann hilfreich sein, negative Erfahrungen und Befürchtungen beim Erstkontakt mitzuteilen, sodass die Fachpersonen darauf eingehen können.

GUT ZU WISSEN

Patientenorganisationen helfen bei Unsicherheiten weiter, Patientenverfügungen dokumentieren den eigenen Willen

Sind Sie unsicher bei Ihrem Behandlungsprozess oder sind Fehler geschehen, können Sie sich an Patientenorganisationen wenden. Diese meist unabhängigen Vereine bieten Unterstützung bei unklaren Diagnosen und medizinischen Behandlungen. Sie stehen bei allen Fragen bezüglich dem Gesundheitssystem beratend zur Seite, informieren über Hilfsmittel, Fachpersonen und Genesungseinrichtungen und beantworten Fragen zu Abrechnungen, Vorsorgedokumenten und Patientenrecht.
Eine psychiatrische Patientenverfügung ermöglicht es, den eigenen Willen in Bezug auf eine Behandlung selbstbestimmt und vorausschauend zu äußern. Formulare für die psychiatrische Patientenverfügung (PPV) sind online verfügbar. Hinterlegen Sie eine Patientenverfügung an unterschiedlichen Orten (Handy, Vertrauensärztin, Klinik) und ziehen sie eine Vertrauensperson beim Ausfüllen hinzu.

Interpersonelles Vertrauen bauen wir gegenüber einer Person auf. Wir können solches einerseits kognitiv gewinnen, indem wir uns über die Zuverlässigkeit, Haltung und Seriosität einer Person informieren und beispielsweise ihren Webauftritt oder Berichte anderer berücksichtigen. Andererseits entsteht interpersonelles Vertrauen im Affekt, also durch Emotionen, die eine Bindung zum Gegenüber ermöglichen (Mériade u.a. 2018). So ist es möglich, dass wir zu einer Fachperson ein kognitiv fachliches, aber kein affektives Vertrauen haben und umgekehrt. Der Arzt wirkt kompetent, erklärt die diagnostischen Verfahren und leitet eine nachvollziehbare Therapie ein. Dabei bleibt er sachlich und distanziert. Oder die Unterhaltung mit der Pflegefachperson ist herzlich und aufschlussreich. Im Familiengespräch erleben wir sie jedoch unsicher, gestresst und eng in der Wahrnehmung.

Nehmen Sie Ihr interpersonelles Vertrauen zu Gesundheitsfachpersonen wahr. Würden Sie dieses Vertrauen als kognitiv, emotional oder umfassend beschreiben?

KURZGEFASST Um ein Arbeitsbündnis mit Fachpersonen einzugehen, ist Vertrauen Voraussetzung. Es kann auf kognitiv fachlicher oder auf persönlich menschlicher Ebene – idealerweise in beiderlei Hinsicht – bestehen. Vertrauen in die Gesundheitsinstitution ist durch Erfahrungen geprägt.

Entscheidungen treffen

Auf dem Weg durch Krisen und herausfordernde Lebenssituationen kommen wir nicht umhin, Entscheidungen zu treffen, die unser weiteres Leben beeinflussen – beispielsweise in Bezug zu Medikamenten, Therapien, Lebensformen oder Beziehungen. Solche Entscheidungen finden in unserer komplexen Lebenswelt statt und sind zeit- und energieintensiv. Wir müssen uns mit unserer Intuition verbinden, uns informieren und von Fachpersonen beraten lassen.

GUT ZU WISSEN

Gesundheitsberatungen funktionieren nach drei Modellen

Paternalistisches Modell: Die Klientin berichtet der Fachperson über ihre Phänomene. Die Fachperson stellt eine Diagnose und entschiedet, welche Intervention durchgeführt wird.

Partizipatives Modell: Der Klient berichtet der Gesundheitsfachperson über seine Phänomene. Diese teilt ihr Fachwissen und fragt nach persönlichen Erfahrungswerten des Klienten. Beide tauschen sich zum Thema aus. Sie suchen einen Konsens und treffen eine gemeinsame Entscheidung.

Informatives Modell: Die Klientin berichtet der Fachperson über ihre Phänomene. Diese klärt sie über alle entscheidungsrelevanten Inhalte bezüglich Therapie und Genesung auf. Anschließend entscheidet die Klientin selbst, welche Behandlung sie durchführt.

Nehmen Sie wahr, welches Modell der Gesundheitsversorgung Sie bevorzugen und warum. Nehmen Sie auch wahr, ob andere Modelle eventuelle Vorteile für Sie bereithalten könnten.

Es existieren unterbewusste Mechanismen, die unsere Entscheidungsfindung vereinfachen oder verkomplizieren. Beide Strategien bringen uns weg von unserer Intuition und sind Zeichen dafür, dass wir unsicher oder überfordert sind. Gesundheitsfachpersonen unterliegen denselben Mechanismen. Auch sie können Entscheidungen unterbewusst ungünstig vereinfachen oder verkomplizieren. Folgend stellen wir Ihnen Mechanismen, die Entscheidungen auf ungünstige Weise vereinfachen, sowie Alternativen vor (Bieber u.a. 2016):

Beim Ankereffekt lassen wir uns ausschließlich von einer Information leiten. Beispiel: Die Arbeitskollegin erzählt uns von einem starken Beruhigungsmittel, das ihr in Krisensituationen hilft. Ohne Vor- und Nachteile des Medikaments zu kennen, wünschen wir dieselbe Therapie. Alternative: Wir informieren uns über verschiedene Therapiemöglichkeiten, deren Vor- und Nachteile.

Beim Verfügbarkeitseffekt lassen wir uns von omnipräsenten Informationen leiten. Beispiel: Medien und Schulen sensibilisieren für ADHS, in unserem Umfeld werden zunehmend Kinder damit diagnostiziert. Wir fragen uns, ob wir unser Kind auch auf ADHS abklären müssen, wenn es unkonzentriert und zappelig ist. Alternative: Wir hören auf unsere Intuition und informieren uns umfassend. Wir hinterfragen den Kontext, in dem solche Informationskampagnen entstehen, und suchen nach Ansätzen, um unser Kind zu stärken.

Durch blinde Unterwerfung vertrauen wir Autoritäten oder Technologien. Beispiel: Wir stellen die Entscheidungen des Chefarztes nicht infrage. Aufgrund seines Status muss er wissen, was wir tun müssen, um zu genesen. Alternative: Wir nehmen unsere Bedürfnisse wahr und nutzen unsere Intuition, um zu erkennen, was gut für uns ist.

Wir verkomplizieren unsere Entscheidungsfindung,

- wenn wir uns jemandem verpflichtet fühlen: Das Gefühl spricht gegen den gemachten Therapievorschlag, aber die Ärztin ist so freundlich, dass wir sie nicht vor den Kopf stoßen möchten und zusagen. Alternativ können wir freundlich mitteilen lernen, wenn Maßnahmen nicht mit unserem Empfinden übereinstimmen.

- wenn wir selektiv wahrnehmen, uns durch Überzeugungen lenken lassen: Als absolute Gegner von Neuroleptika nehmen wir ausschließlich Informationen zur Kenntnis, die beweisen, dass Neuroleptika schädlich sind. Alternativ können wir erkennen, weshalb wir unsere Wahrnehmung einschränken und was wir fürchten, würden wir andere Meinungen zulassen.
- durch den Fokus auf eine Diagnose: Wir sehen nur Verhaltensweisen, die die Diagnose stützen. Gesundes Verhalten liegt außerhalb unserer Wahrnehmung. Alternativ können wir uns fragen, was uns die Diagnose und Erkrankung bringt und warum wir uns derart darauf fokussieren.
- durch Unter- oder Übertreibung: Indem wir Situationen zu drastisch beschreiben oder sie bagatellisieren, können Fachpersonen die Situation schwer einschätzen; wir werden schlecht beraten. Es hilft, die eigene Wahrnehmung mit dem Umfeld abzugleichen, um ein realistisches Bild der persönlichen Situation zu erhalten.
- indem wir drastische Änderungen und Schuldgefühle vermeiden: So sehen wir z. B. davon ab, dem erkrankten Vater ein Pflegeheim zu empfehlen. Alternativ können wir unsere Grenzen wahrnehmen, sie respektvoll kommunizieren und gemeinschaftliche Lösungen suchen.
- durch Selbstüberschätzung: Wir pflegen unsere demente Mutter zu Hause und ignorieren unseren Kräftehaushalt. Alternativ können wir unsere Grenzen spüren, Erschöpfungsanzeichen früh wahrnehmen lernen und Unterstützung oder Anschlusslösungen organisieren.

GUT ZU WISSEN

Es gibt Strategien, um gute Entscheidungen zu treffen

Das Mehraugenprinzip: Wir wägen gemeinsam mit Vertrauenspersonen Pro und Kontra ab und lassen uns verkomplizierende Mechanismen spiegeln.

Ruhe bewahren: Bitten wir um Bedenkzeit, minimieren wir Fehlentscheidungen.

Verlangsamung: Erbeten wir in Notfallsituationen Verlangsamung von Fachpersonen, kann sich unsere innere Klarheit einstellen.

Aktiv werden: Notieren wir Fragen, adressieren Befürchtungen und machen Notizen während Gesprächen, treffen wir kompetente Entscheidungen.

Hartnäckigkeit: Melden wir persönliche Anliegen im Behandlungsprozess wiederholt an, geschieht die Entscheidungsfindung eher in unserem Sinne.

→ Formulieren Sie eine Affirmation, um Ihre innere Haltung zu stärken (Download Mentalbereich). Auch die Techniken »Pro und Kontra« (Emotionalbereich) sowie »Der erste Impuls« (Körperbereich) können unterstützend sein.

Psychopharmaka – Fluch oder Segen?

In psychischen Krisen sind wir sehr häufig mit der Frage konfrontiert, ob wir uns für oder gegen die Einnahme von Psychopharmaka entscheiden. Bis heute ist noch sehr wenig über deren spezifische Wirkungsweise bekannt, vor allem bei Kindern, Jugendlichen oder Schwangeren. Niemand weiß, wie sie den Hirnstoffwechsel in der Pubertät oder die Entwicklung von

Ungeborenen beeinflussen. Alle Formen von Psychopharmaka können gleichsam Segen und Fluch sein. Viele Menschen profitieren von deren Einnahme, gleichzeitig sind die unerwünschten Nebenwirkungen oft enorm. Deshalb empfiehlt es sich, die Entscheidung gründlich abzuwägen.

Wie im ersten Teil beschrieben, folgen psychische Dysbalancen keinem einfachen Ursache-Wirkungs-Prinzip. Faktoren wie Nervensystem und Gehirnfunktionen, Biografie und Vererbung, Emotionsregulation und Gewohnheiten sowie das Selbstbild und soziale Umfeld stehen in enger Wechselwirkung. Wirken wir auf einen Aspekt ein, bringen wir das Ganze in Bewegung. Dies verdeutlicht, dass bei Betroffenheit in den seltensten Fällen allein eine Tablette die innere und äußere Welt in Ordnung bringen kann. Vielmehr bedingt eine psychische Erkrankung, sich auf allen Lebensebenen zu wandeln – alleiniges Eingreifen in den neuronalen Stoffwechsel reicht nicht aus. Dennoch können Psychopharmaka Unterstützung im Genesungsprozess bieten, wenn gleichzeitig die Ursachen und das Verhalten bearbeitet werden.

→ Diese zwei lesefreundlichen Ratgeber können Sie dabei unterstützen, sich in der Welt der Psychopharmaka zurechtzufinden: Nils Greve und Kolleginnen (2017): Umgang mit Psychopharmaka. Ein Patientenratgeber. Köln: BALANCE buch + medien verlag; Peter Lehmann und Kollegen (2017): Neue Antidepressiva, Atypische Neuroleptika. Risiken, Placebo-Effekte, Niedrigdosierung und Alternativen. Berlin, Shrewsbury: Peter Lehmann Publishing.

Im nächsten Abschnitt finden Sie die Wirkungsweisen der verschiedenen Psychopharmakagruppen in der Übersicht (Greve u.a. 2017; Lehmann u.a. 2017):

Antidepressiva verändern den Zellstoffwechsel in den Nervenzellen, indem sie den Botenstoff Noradrenalin oder Serotonin verstärken. Wirken sie wie erwünscht, hellen sie die Stimmung auf und es fällt leichter, am Leben teilzunehmen. Sie sedieren oder stimulieren und mindern Ängste.

Mögliche Nebenwirkungen sind Erhöhung der Suizidalität, Dämpfung der Sinneswahrnehmung, Müdigkeit, Mundtrockenheit, Schwitzen, Störung bei der Ausscheidung, Muskelzittern, Kreislaufprobleme und Gewichtszunahme. Besonderheiten sind, dass ihre Wirkung erst nach zwei bis vier Wochen eintritt. Auch sollen Antidepressiva nach langer Einnahme unbedingt schrittweise über viele Wochen abgesetzt werden. Dabei können Absetzsymptome wie Unruhe, Übelkeit, Abgeschlagenheit, Konzentrationsstörung oder Gedächtnisstörung auftreten.

Tranquilizer und Hypnotika greifen in den Stoffwechsel der Nervenzellen ein, indem sie sich an die GABA-Rezeptoren (Gamma-Amino-Buttersäure) anheften, wodurch die Reizweiterleitung abgeschwächt und unterschiedliche Gehirnfunktionen gehemmt werden. Erwünschte Wirkungen sind Entspannung, Angstreduktion und Spannungsreduktion der Muskulatur. Sie wirken als Antiepileptika, sedieren und fördern den Schlaf. Im Allgemeinen sind sie gut verträglich.

Wichtig zu wissen ist, dass man unter Einfluss von Tranquilizern nicht am Straßenverkehr teilnehmen darf, außerdem können sie paradoxe, also aufputschende Wirkung, Gedächtnislücken sowie seelische und körperliche Abhängigkeit erzeugen. Bei Absetzen nach längerer Einnahme ist mit körperlichem und seelischem Entzug zu rechnen.

Neuroleptika verändern den Zellstoffwechsel in den Nervenzellen, indem sie die Weiterleitung des Botenstoffes Dopamin verringern. Erwünschte Wirkungen sind das Abschwächen der Wahrnehmungen, also eine Reizabschirmung, antipsychotische und sedierende Effekte. Die Sedierung erfolgt sofort, die antipsychotische Wirkung erst nach vier bis fünf Tagen. Neuroleptika werden in der Regel bei jeder akuten Psychose verschrieben und danach noch ein bis fünf Jahre prophylaktisch verabreicht.

Mögliche Nebenwirkungen sind Bewegungsstörungen durch Krämpfe, depressive Symptome, Blutveränderung (Verminderung weißer Blutkörperchen), Herzrhythmusstörungen, Delir, allergische Reaktionen, Sehstörungen, Dämpfung des sexuellen Empfindens und Funktionsstörung der Geschlechtsorgane, Stoffwechselstörung (Appetitsteigerung, Gewichtszunahme, Zuckerkrankheit), Schwitzen, Mundtrockenheit, Verstopfung, beschleunigter Puls sowie malignes neuroleptisches Syndrom (lebensbedrohliche Steigerung der Körpertemperatur in den ersten zwei Wochen der Einnahme).

Wichtig zu wissen ist, dass Neuroleptika als nicht angenehm wahrgenommen werden. Erfahrungsberichten zufolge entstehen Empfindungen, wie unter einer Glasglocke zu sitzen. Auch ihre Dosierung ist schwierig – idealerweise werden sie so gering wie möglich, jedoch so hoch wie nötig dosiert. Das Absetzen von Neuroleptika muss immer in enger ärztlicher Begleitung und unter Einbindung von Bezugspersonen, außerdem vorsichtig und schrittweise geschehen.

Jeder Mensch verfügt über Veranlagungen, die zu bestimmten psychischen Erkrankungen führen können. Verhaltensweisen, Gewohnheiten, Biografie, aktuelle Lebensbedingungen, Schicksalsschläge, Umwelteinflüsse und soziale Beziehungen können diese sogenannten Prädispositionen schleichend oder abrupt verstärken, bis eine Erkrankung auftritt.

Sind wir mit einer Diagnose (oder mehreren) konfrontiert, spielt es eine maßgebliche Rolle, wie wir persönlich mit dieser umgehen. Menschen sind nie ihre Diagnose, vielmehr ist sie die Bezeichnung für ein gesundheitliches Ungleichgewicht. Wollen wir uns auf einen Genesungsweg begeben, ist es von zentraler Bedeutung, dass wir uns nicht mit der Depression, Schizophrenie oder Angststörung identifizieren, sondern diese als möglichen, nicht idealen Zustand unserer selbst einordnen und eine Vision unseres gesunden Selbst und unserer Ziele entwickeln. Genauso wie sich eine Erkrankung entwickeln kann, sei dies abrupt oder schleichend, kann sich auch Gesundheit wieder einstellen. Hilfreich ist es, den Kontakt zu Menschen zu suchen, die unsere Ressourcen sehen und unsere gesunden Anteile begrüßen. Sie dürfen unsere Schwierigkeiten ruhig spiegeln, bleiben sie dabei uns gegenüber lösungs- und ressourcenorientiert eingestellt. Umgeben wir uns hingegen mit Menschen, die uns über unsere Dysbalancen definieren, wird es uns schwerfallen, ein anderes Selbstbild als das der Identifikation mit der Diagnose zu erlangen.

Nehmen Sie wahr, mit welchen Menschen – seien dies Fachpersonen oder private Kontakte – Sie Hoffnung auf Besserung verspüren. Dies geschieht nicht nur durch Sie selbst. Sie kann entstehen, indem Ihr Gegenüber Ihre gesunden Seiten sieht und nährt.

> *»Es fällt mir schwer, meine positiven, gesunden Seiten zu sehen, vor allem, wenn es mir psychisch schlecht geht. Zum Glück steht mir eine Psychologin zur Seite, seit vielen Jahren die gleiche. Sie wird nicht müde, im Gespräch nach meinen gesunden Seiten zu forschen, sie hervorzuholen und mir häppchenweise zu präsentieren.«*

Ergänzend zu therapeutischer (und medikamentöser) Behandlung können wir unsere Genesung aus eigener Kraft fördern. Dem ganzheitlichen Ansatz entsprechend ziehen wir idealerweise Körper, Emotionsregulation, mentale und soziale Prozesse mit ein. Bereits kleine Veränderungen können Stabilisierung herbeiführen sowie die Stimmung und Lebensqualität verbessern.

Depressiven Verstimmungen können wir körperlich mit regelmäßiger pulssteigernder Bewegung (Seite 59), bivagalen Übungen und Twistbewegungen begegnen. Dabei können wir die aktivierende Einatmung fokussieren. Auch ausgewogene Ernährung, gute Gesellschaft und sinnliche Genüsse wie Musik, Kunst, Naturerlebnisse oder der Kontakt mit Tieren können unsere Genesung unterstützen. Geben wir belastenden Emotionen und Gefühlen Raum, können wir sie durch Stressabbau desensibilisieren. Die Imagination erfüllender innerer Bilder kann unsere Seele berühren. Entwickeln wir Selbstmitgefühl und nehmen wahr, was uns alle Energie zum Handeln raubt, lernen wir, mit depressiven Zuständen umzugehen. Hilfreich kann es ebenso sein, Nähe und Distanz zu unseren Mitmenschen neu zu definieren und schädliche Beziehungsmuster zu durchbrechen. Erkennen wir schädliche innere und äußere Leistungsansprüche, können wir neue hilfreiche Werte entwickeln. Spiritualität, Lebenssinn und Kreativität unterstützen diesen Prozess.

Sind Sie von depressiven Verstimmungen betroffen, so nehmen Sie wahr, welche Ebene Sie interessiert. Wo liegen Ihre Ressourcen brach? Wo können Sie auf einfache Weise am meisten bewirken?

»Rückblickend hat mir all das geholfen, das mit Selbstliebe zu tun hatte. Beispielsweise habe ich mich nach dem Duschen wieder eingecremt, um meinem Körper etwas Gutes zu tun.«

Angst- und Spannungszuständen können wir körperlich ebenfalls mit regelmäßigem Sport und bilateralen Bewegungen begegnen. Der Fokus auf die Ausatmung beruhigt das Nervensystem. Solch körperliche Selbstberuhigung zu trainieren, ist wesentlich. Wir können uns fragen, ob wir Furcht aufgrund einer tatsächlichen Bedrohung erleben oder ob unsere Ängste Projektionen unbewusster Belastungsinhalte sind. Dabei ist es hilfreich, Trigger und wiederkehrende Muster zu erkennen, die Angst auslösen. Auf diese Weise können wir Belastungsursachen und Erschütterungserfahrungen erkennen und sie mit emotionalem Stressabbau desensibilisieren. Gelingen Ihnen kleine Schritte beim Verbessern Ihres Befindens, bringen Sie einen Engelskreis in Gang und werden Lust auf weitere Entwicklung verspüren.

Psychotischem Erleben können wir durch Achtsamkeit, Körperwahrnehmung und Präsenz begegnen. Hilfreich sind z. B. Selbstmassagen der Füße oder Schultern bei offenen Augen. Alle Bewegungsformen, die keinen Stress auslösen und bei denen die Bewegungsabläufe und Konzentration im Zentrum stehen, wie Tanzen nach Choreografie, Fitness an Geräten oder Tai-Chi, eignen sich. Verbinden wir unsere Körperwahrnehmung mit Emotionen und Gefühlen, kommen wir in Kontakt mit unserer Lebensrealität. Verfügen wir über die notwendige Stabilität, können wir Erschütterungserfahrungen mit emotionalem Stressabbau – mit offenen Augen – desensibilisieren. Wichtig ist auch, sich mit naheliegenden Lösungen und Weltbildern auseinanderzusetzen, das sicht- und fühlbare Realitätserlebnis zu trainieren und zu erkennen, welche Verhalten und Trigger die Psychose auslösen. Bewusstseinserweiternde Substanzen sollten wir unbedingt meiden, ebenso Menschen, die solche konsumieren und alternative Realitäten bevorzugen. Generell hilft es, Reizüberflutungen vorzubeugen und uns ausreichend abzuschirmen. Es ist von großer Bedeutung, unserer Sensibilität gerecht zu werden und Frühwarnzeichen zu erkennen.

Erleben Sie psychotische Phasen, so suchen Sie in klaren Momenten nach Frühwarnzeichen. Was hat das psychotische Erleben gefördert und verstärkt? Was erdet und stabilisiert Sie? Halten Sie Ihre Erkenntnisse in Ihrem Notizbuch fest. So, wie Sie sich in diese Richtung entwickelt haben, können Sie sich in eine geerdete stabile Richtung entwickeln.

Den eigenen Genesungsprozess begleiten

Haben wir uns mit der Wahl von Fachpersonen, Entscheidungsfindung, Medikation, Diagnosen und Behandlungsmethoden auseinandergesetzt, können wir eine übergeordnete

Sicht einnehmen. Wir können uns fragen, wie wir unseren Prozess am besten aus eigener Kraft begleiten und an welchem Punkt wir uns gerade befinden.

→ Nutzen Sie zur Übersicht über Ihren Genesungsprozess die beiden Prozessmodelle im Download: die bildhafte Heldenreise nach Joseph Campbell (1974) und die ganzheitliche Theorie U nach C. Otto Scharmer (2022). Das Fassmodell kann Ihnen helfen, die genauen Umstände und Ressourcen im Krankheitsgeschehen zu beschreiben.

Indem wir portionierte regelmäßige Selbstheilungseinheiten einführen und unseren Genesungsweg – ähnlich einer Wanderkarte – als Ganzen im Blick behalten, können wir uns selbst stabilisieren. Wir aktivieren unsere Anteile der heilkräftigen Wolfsfrau, des weisen Begleiters. Am besten gelingt uns Selbstbegleitung, indem wir den Fokus auf unsere Körperreaktionen legen. Unser Körper gibt Auskunft darüber, welche Verhaltensweisen und Entscheidungen uns gedeihen lassen. Basieren unsere Schritte zur Selbstheilung (auch) auf positiver Körperresonanz, können wir sie einfacher umsetzen und langfristig unser Nervensystem beruhigen.

GUT ZU WISSEN

Wir können unsere Körperresonanz bewusst einsetzen

Persönliche Auseinandersetzung und Entwicklung erzeugen unzählige Körperreaktionen, die unser aktuelles Empfinden von Sicherheit oder Gefahr ausdrücken. Es ist hilfreich, Körper und Geist zu verbinden und auftretende Körpersymptome bewusst wahrzunehmen.

Wandeln sich Körpersymptome und sind damit nicht durch Gewohnheit chronifiziert, zeugt dies von Entwicklung. Mildern sie sich tendenziell, informiert dies über einen positiven Verlauf. Belastende Körpersymptome können von schmerzhafter Beziehungserfahrung und anderen biografischen Stressoren erzählen, die bereit sind, ins Bewusstsein zu gelangen.

Wichtig zu wissen ist zudem, dass auch heilsame Entwicklungen Stress auslösen können. Wir weiten unsere Grenzen aus und sind konfrontiert mit selbsterzeugten Einschränkungen (Seite 52). Belastende biografische Erfahrungen können dabei anhand von Körpersymptomen oder psychischen Reaktionen ins Bewusstsein treten. Bei grundlegenden persönlichen Veränderungen wandeln sich zudem die Beziehungen zu unseren Nächsten. All diese Faktoren können dazu führen, dass, gerade weil wir uns entwickeln, unser Nervensystem in Aufruhr gerät. Selbstregulation durch Stressabbau hilft, solche inneren Ereignisse aufzufangen.

Letztlich gibt es bei Selbstheilung oft Situationen, in denen wir uns nicht auf unseren Körper verlassen können. Bei Suchterkrankungen brauchen Körper und Psyche wider besseres Wissen die jeweilige Substanz. Auch kann es sein, dass körperliche Stressreaktionen konditioniert geschehen, ohne dass eine reale äußere Bedrohung besteht. Um solch tiefliegende Muster aus Stimulus und Reaktion zu verstehen und unser Verhalten zu wandeln, müssen wir unseren Geist – entgegen körperlichen Impulsen –, beispielsweise mit einer Verhaltensanalyse zu Hilfe nehmen (Seite 155).

KURZGEFASST Bei Selfcoaching arbeiten Körper und Geist idealerweise zusammen. Damit können wir deren Stärken wie Körperresonanz und vorausschauende Weitsicht nutzen, um Schwächen wie Konditionierung, Sucht oder vorgefasste Meinungen auszugleichen. Entwicklung kann Stressoren aktivieren, indem wir Grenzen neu ausloten und unterbewusste Inhalte ins Bewusstsein treten. In diesem Fall ist es hilfreich, ursächliche Stressoren zu erkennen und zu desensibilisieren. Damit wird positive Veränderung möglich und Wandel geschieht ganzheitlich.

Nehmen Sie wahr, was sich körperlich ändern darf, damit Sie sich gut fühlen. Vielleicht können Sie sich an unbelastete Tage erinnern und an das Körpergefühl, das mit diesen verbunden ist. Oder Sie stellen sich vor, wie Sie sich gut fühlen. Bewegen Sie sich zur Entspannung und Vitalisierung auf Ihre bevorzugte Weise. Nehmen Sie wahr, wann Sie Stresssymptome empfinden, und reflektieren Sie, wie diese in Beziehung zu Ihrer Entwicklung stehen könnten.

→ Nutzen Sie die Tools im Körperbereich des Downloadmaterials, um sich in Ihrem Körper zu beheimaten. Stehen Sie vor Entscheidungen, wenden Sie die Selfcoachingtechnik »Körperresonanz« an. Kommen Ihre Vernunft und Ihr Körper dabei zu unterschiedlichen Aussagen, kann die Technik »Das Schlechte des Guten« (Verhaltensbereich) Unterstützung bieten. Bei Suchtverhalten oder Konditionierungen eignen sich die Verhaltensanalyse (Seite 155), bivagale Übungen und emotionaler Stressabbau, kombiniert mit meditativen Techniken (Mentalbereich).

»Nach einem ausgedehnten Spaziergang mit meinem Hund fühle ich mich meist in Einklang mit mir und meinem Körper. Es prickelt dann wohlig in meinen Beinen und Füßen – ich verspüre Lust, mich hinzusetzen, etwas zu trinken und meinen treuen Begleiter zu streicheln.«

Selbstheilung konkret

Führen wir regelmäßige kleine Portionen der Selbstheilung durch, so nähren wir dauerhaft unseren Genesungsprozess. Halten wir uns Zeit dafür frei und suchen einen sicheren Ort auf, wird Selfcoaching einfach und alltäglich, so wie Duschen.

Die Theorie U nach C. Otto Scharmer (2022) beschreibt ein Prozessmodell, das angepasst für eine Selfcoachingeinheit gute Dienste leisten kann. Es öffnet schrittweise Geist, Herz und Wille und führt vom Tagesbewusstsein in einen meditativen Zustand und zurück. Dabei integriert es rationale, emotionale, sinnliche und soziale Aspekte, um nachhaltig Veränderung zu bewirken.

Abbildung 4: **Theorie U** (nach Scharmer 2022)

→ Sie finden die ausführliche Theorie U mit Verweisen auf nützliche Tools im Download Mentalbereich.

Wissen sammeln Der erste Schritt dient dem Sammeln von Wissen zu einer Herausforderung oder Belastung. Nutzen Sie ein Tool, das Sie mögen, zum Einstieg, zur Konzentration und Entspannung. Fragen Sie sich, was Sie jetzt bearbeiten möchten und welches Ihr dringlichstes Thema ist. Spüren Sie Ihre Körperresonanz bezüglich des Themas. Fühlen Sie Ihre Emotionen und Gefühle. Sammeln Sie alle Gedanken, die Ihnen bewusst sind. Betrachten Sie Ihr Thema durch einen Perspektivwechsel von außen. Vielleicht versetzen Sie sich in andere Personen oder holen die Meinung anderer ein.

→ Geeignete Anwendungen in dieser Phase sind Bodyscan (Download Körperbereich), Focusing und Visualisieren (Emotionalbereich) sowie Perspektivwechsel (Mental- und Sozialbereich) zur Klärung der Belastungsinhalte.

Entspannung und Kreativität Wissen Sie genug, begeben Sie sich mit dem gesammelten Wissen in einen Entspannungszustand, in dem Sie Ihr inneres Geschehen kreativ bearbeiten. Nutzen Sie dazu Ihre bevorzugte Art der Entspannung. Dies kann beispielsweise mit ESR in Rückenlage, bei einem Spaziergang, kreativer Gestaltung oder Imagination geschehen. Dabei machen Sie emotionalen Stressabbau, nehmen Ihr inneres Kind in den Arm, klären Beziehungen, visualisieren heilsame innere Bilder, gestalten oder sind schlicht achtsam. Seien Sie im Moment präsent und lassen Sie zu, dass sich Ihre Belastungsinhalte während der Entspannungsphase wandeln oder verflüchtigen.

→ In dieser Phase eignen sich jedes meditative und kreative Vorgehen, das Gefühle moduliert. Emotionaler Stressabbau unterstützt den Wandel auf körperlich- psychischer Ebene.

Alltagstransfer Abschließend nehmen Sie wahr, was neu ist. Und, was Sie zur Unterstützung brauchen, damit Sie auf Ihrem Genesungsweg einen realen Schritt tun können. Vielleicht formulieren Sie eine Affirmation, ebnen den Weg für eine gute Gewohnheit, setzen Ihre Erkenntnisse in die Tat um oder genießen einfach die eingetretene Entspannung.

→ Anker wie Affirmationen (Download Mentalbereich), aufgehängte oder innere Bilder, Rituale oder die Umsetzung von Erkenntnissen unterstützen den Alltagstransfer.

KURZGEFASST Bei einer Selbstheilungssequenz sammeln wir auf der kognitiven, sozialen, emotionalen und körperlichen Ebene Wissen zum Thema, das wir bearbeiten wollen. Mit diesem Wissen gehen wir in kreative Entspannung, bei der wir uns von unserer Intuition leiten lassen, also das innerliche Geschehen wahrnehmen und begleiten, aber nicht (über-)steuern. Wir wenden die passenden Techniken an, bis sich unser Nervensystem regeneriert hat und Neues in unser Bewusstsein tritt. Abschließend bringen wir das Neue in den Alltag und nehmen bewusst wahr, was wir für diesen Schritt brauchen.

»Ich habe immer wieder Ärger mit meiner Vorgesetzten. Sie kritisiert mich und ich fühle mich als ganze Person abgewertet, falle in ein tiefes Loch, fühle mich schlecht und unzulänglich. Ich weiß von mir, dass ich Probleme im Umgang mit Kritik

habe, aber noch nie habe ich mich so schlecht gefühlt – vor allem, weil ich mir so viel Mühe gebe, alles gut zu machen, und hart arbeite. Mir sitzt ein Kloß im Hals, alles ist eng, der Atmen flach, so gedrückt fühle ich mich.

Wissen sammeln: *Ich überdenke meinen Glaubenssatz ›Du musst hart arbeiten, um etwas zu erreichen‹ und hinterfrage, ob ich wirklich immer alles perfekt machen muss, um zu genügen. Ich erkundige mich bei anderen Personen, wie es ihnen mit der Chefin geht – auch sie werden manchmal fertiggemacht. Zwar fühle ich mich jetzt bestärkt, nur hilft das nicht in der nächsten kritischen Situation.*

Entspannung und Kreativität: *Mit einer Kollegin bespreche ich nochmals die Situation und nehme mich wahr. Meine Chefin erscheint mir in diesen Situationen immer sehr groß und übermächtig, wie ein riesiger Flaschengeist, der sich über mich erhebt. Ich versuche, mich auch so groß zu machen, wie der Flaschengeist meiner Chefin. Nachts, wenn mich das Thema bedrückt, wende ich ESR und EMDR an.*

Alltagstransfer: *Jedes Mal, wenn in mir das Gefühl der Übermacht meiner Chefin aufsteigt, mache ich mich innerlich groß wie ein Flaschengeist und kann ihr auf Augenhöhe begegnen.«*

»Ich habe starke Nervenschmerzen, die nicht von körperlicher Überanstrengung oder Blockaden herrühren. Ich nutze das Tool ›Körpersymptome übersetzen‹. So stoße ich auf mein inneres Kind und dessen starke Gefühle. Ich höre ihm zu, nehme es in Gedanken in den Arm und mache dazu ESR und EMDR, bis sich meine Nerven beruhigen. Als Alltagstransfer verankere ich ein heilsames Bild und formuliere eine Affirmation. Ich dehne mich und höre dazu Musik.«

Haben wir unseren Körper, Emotionalbereich und Geist als Ressourcen erkannt, wissen um die zentrale Bedeutung von sozialer Beziehung, begreifen unser Verhalten als wandelbar, haben ein Ziel vor Augen und kennen gar Entwicklungsprozesse, fehlt nichts mehr zur Genesung. Trotzdem ist Selbstheilung in aller Regel von Stolpersteinen, Wellengängen und Rückschritten begleitet. Als tiefgreifendes, persönliches Unterfangen, das das Innerste durcheinanderbringt und umstrukturiert, beinhaltet jede Form von Genesung stets auch schwierige Momente. Diese gilt es, als natürlichen Teil des Prozesses zu akzeptieren. Räumen wir ihnen Platz ein und versuchen, deren auslösende Mechanismen zu begreifen, verlieren sie ihren Schrecken.

In diesem Abschnitt beleuchten wir mögliche erschwerende Umstände. Wir geben Impulse zum Umgang damit, verweisen auf entsprechende Inhalte dieses Buches, regen zur hilfreichen inneren Haltung und Hilfsangeboten im Downloadmaterial an.

GUT ZU WISSEN

Es ist kein Versagen, sich Hilfe zu holen!

Sind Ihre persönlichen Ressourcen erschöpft, holen Sie sich Hilfe, sei dies bei Freunden, Familie, Fachpersonen oder Selbsthilfegruppen.

Notfalltelefone wie die Telefonseelsorge (Deutschland) – Rufnummer: 0800-1110111 und 0800-1110222 –, die »Dargebotene Hand« (Schweiz) – Rufnummer 143 – und die Telefonseelsorge (Österreich) – Rufnummer 142 – bieten rund um die Uhr Hilfe an. Nutzen Sie diese Angebote im Notfall.

Wenn der innere Kompass fehlt und es Ihnen schlecht geht, Sie aber weder einen inneren Plan noch die Motivation finden, um erleichternde Schritte zu tun, kann es sein, dass Ihr Stresslevel gerade sehr hoch ist und eine Blockade verursacht. Der Abschnitt »Die Bedeutung von Stress« (Seite 52) kann Ihnen weiterhelfen.

→ Bivagale Übungen (Download Körperbereich) und kombinierte Techniken des Stressabbaus (Emotionalbereich) können als Erste-Hilfe-Maßnahmen Körper und Psyche wieder handlungsfähig machen.

Wenn Ihre Handlungsfähigkeit zurückkehrt, empfiehlt es sich, in Bewegung zu kommen, dem persönlichen Interesse nachzugehen und dabei Vernunft sowie Körperwahrnehmung zu verbinden. Vielleicht mögen Sie Liegengebliebenes erledigen, um sich schnell ein gutes Gefühl zu verschaffen. Genesung ist immer auch ein Selbstversuch, eine persönliche Evolution, die dem eigenen Interesse folgen muss. Lesen Sie die Abschnitte »Bewegung fördert Selbstwirksamkeit und Selbstheilung« (Seite 59) und »Eine Vision des gesunden Selbst« (Seite 20).

→ Wenden Sie die Achtsamkeitsübung »Miniurlaub« (Download Körperbereich) an und spüren Sie ganz allgemein, worauf Sie Lust haben.

Wenn Belastungen zunehmen, dann kann es sein, dass Sie durch die Auseinandersetzung mit dem Thema das volle Ausmaß der inneren Versehrung spüren. Seien Sie selbstmitfühlend bei allem, was Sie wahrnehmen. Strategien wie Verdrängen oder

Projizieren auf andere haben eine stabilisierende Funktion, sie helfen aber nicht, Probleme an der Wurzel zu packen. Lassen wir ab von Abwehrmechanismen und nehmen uns selbst liebevoll wahr, werden Stressoren deutlich fühlbar (siehe Abschnitt »Selbstbild – die Summe unseres Seins«, Seite 146).

→ Bivagale Übungen und emotionaler Stressabbau sind die Mittel der Wahl. Es ist wichtig, sie regelmäßig anzuwenden, bis sich das Nervensystem dauerhaft beruhigt hat und ein Thema verarbeitet ist. Hilfreich sind auch Perspektivwechsel (Download Mental- und Sozialbereich), um das soziale Gesamtbild der Belastung zu erfassen.

Wenn positive Errungenschaften Krisen auslösen und deshalb Ratlosigkeit und Irritation auftreten, ist es möglich, dass Ihnen Themen bewusst werden, die mit der überwundenen Einschränkung zu tun haben. Wie das bildliche Grasen außerhalb des schützenden Zauns Gefahren birgt, werden durch Überwinden von Grenzen Stressoren fühlbar, vor denen wir uns mit der Einschränkung ursprünglich schützten. Mehr dazu im Abschnitt »Belastende Persönlichkeitsanteile« (Seite 94).

→ Die Anwendung »Das Schlechte des Guten« (Download Verhaltensbereich) und Perspektivwechsel (Mental- und Sozialbereich) können helfen, zu verstehen, was gerade vor sich geht, um den neuen Aspekt der Belastung in den Genesungsprozess zu integrieren. Bivagale Übungen und Stressabbau beruhigen das Nervensystem.

Wenn Rückschritte alles zunichtemachen, Sie negative Muster trotz gutem Willen und viel Arbeit nicht ablegen können und die Hoffnung auf Besserung verlieren, machen Sie eine Pause und suchen Sie Ablenkung und liebevolle Unterstützung bei Mitmenschen. Genesungsprozesse sind selten linear. Da unerwünschte Muster auch einen Nutzen, eine starke psychische Motivation enthalten, die sich uns oft erst durch lange Auseinandersetzung erklärt, sind Rückschritte unumgänglich. Nehmen Sie innerliche Distanz von Ihren Bemühungen und fragen Sie sich mit offener Haltung, was Ihnen weiterhelfen kann. Lesen Sie dazu den Abschnitt »Spiritualität als Verbindung mit dem Ganzen« (Seite 115).

→ Stressabbau als Erste-Hilfe-Maßnahme beruhigt das Nervensystem. Spirituelle Ansätze können seelische Kraftreserven erschließen. Perspektivwechsel können notwendiges Wissen zugänglich machen. Die Anwendungen »Erfolge würdigen – Pausen einführen« und »Stärkende Ereignisse sammeln« (Download Mentalbereich) können Ressourcen verdeutlichen.

Wenn Trägheit und Hoffnungslosigkeit vorherrschen, ist es möglich, dass Sie eine seelische und körperliche Blockade erleben. Auch kann es sein, dass Sie in Mustern gefangen sind und zu wenig Leidensdruck verspüren, um zu handeln. Meist sind unsere Handlung und Lebenskraft durch mehrere Ursachen blockiert. Und oftmals ist unklar, wo wir mit dem Wandel beginnen sollen, da das Leben komplex und kompliziert ist. Das Sinnbild des Mobiles kann unterstützen, Stagnation zu durchbrechen: Bewegen Sie eines seiner Teile, pendelt das ganze Mobile. Bearbeiten Sie ein persönliches Thema, entwickeln sich auch andere Bereiche. Die Abschnitte »Wie der Körper auf die Psyche wirkt« (Seite 57) und »Ein erster Überblick« (Seite 30) können weiterhelfen.

→ Liebevolle Selbstannahme und das Übersetzen von belastenden Körpersymptomen (Download Körperbereich) können dazu beitragen, Emotionen und Gefühle überhaupt wahrzunehmen, um sie abzubauen und damit neue Energie zu mobilisieren.

Wenn Erschöpfung während des Genesungsprozesses eintritt, kann es sein, dass Sie Erholungszeiten nicht eingehalten haben. Finden wir den Zugang zu Selbstheilung und nützlichen Techniken, besteht die Gefahr, dass wir den Prozess pausenlos vorantreiben. Es ist wichtig, dass Sie Phasen der Veränderung mit Phasen der Festigung abwechseln und dabei den Fokus zwischenzeitlich auch auf Lebensbereiche richten, die sich gut anfühlen. Der Abschnitt »Angenehme Gefühle fördern« (Seite 98) kann Sie zu erfüllenden Pausen inspirieren.

→ Nutzen Sie die Achtsamkeitsübungen und den Miniurlaub (Download Körperbereich). Perspektivwechsel helfen, die Ursachen für die Erschöpfung genau zu klären.

Wenn neuronale, wandernde Schmerzen die Entwicklung behindern, ist es sehr wahrscheinlich, dass die Belastungsinhalte Ihren dorsalen Vagusnerv chronisch aktivieren und soziale Belastungen körperliche Schmerzen verursachen. Für mehr Information lesen Sie die Abschnitte »Die Bedeutung von Stress« (Seite 52) und »Beziehungen als Lebenselixier« (Seite 122).

→ Die Tools im Sozialbereich und das Übersetzen von Körpersymptomen können klärend wirken, emotionaler Stressabbau desensibilisiert Belastungsinhalte.

Wenn Beziehungen auf dem Genesungsweg wegbrechen, spüren Sie Ihre Trauer, innere Erschütterung, vielleicht auch Erleichterung. Selbstheilungsprozesse bringen immer große Veränderungen – auch der eigenen Beziehungsmuster – mit sich. So kann es sein, dass wir Menschen verlassen müssen, da diese direkt mit der Erkrankung verbunden sind oder uns nicht guttun. Auch können uns Menschen verlassen, da wir uns durch unsere Entwicklung ändern und ihren Vorstellungen nicht mehr entsprechen. Lesen Sie hierzu den Abschnitt »Beziehungen als Spiegel« (Seite 135).

→ Die Tools »Für die Liebe öffnen«, »In den Schuhen des anderen« sowie »Beziehungen klären« (Download Sozialbereich) helfen beim liebevollen Loslassen.

Wenn die Umstände gegen uns arbeiten und Ihnen das Glück fehlt, kann es sein, dass Sie sich schlicht in schwierigen bis zerstörerischen Verhältnissen wiederfinden, die nicht nur in Ihrem Inneren, sondern auch in sozialen, politischen und wirtschaftlichen Umständen wurzeln. Dann ist guter Rat teuer. Leben Sie jedoch in einer wirtschaftlich und politisch mehrheitlich stabilen Umgebung und fühlen sich doch vom Pech verfolgt, können Sie innere Ressourcen mobilisieren, sich beispielsweise mit Spiritualität, persönlichen Werten, Ihren Fähigkeiten und Zielen befassen, um dies zu ändern. Weitere Impulse gibt der Abschnitt »Spiritualität als Verbindung mit dem Ganzen« (Seite 115).

→ Die Auseinandersetzung mit Glaubenssätzen und Affirmationen (Download Mentalbereich) kann helfen, die persönliche Resonanz mit der Welt zu wandeln.

Wenn Herausforderungen wiederkehren, haben Sie die Dynamik Ihres psychischen Geschehens möglicherweise noch nicht erkannt oder Sie sind mit wiederkehrenden Umgebungsfaktoren konfrontiert. Sie haben die Möglichkeit, zu resignieren oder die bekannte psychische Situation als persönliche Lernerfahrung zu akzeptieren und beispielsweise neu zu bewerten, was äußerlich auf Sie trifft. Mehr zu Reframing im Abschnitt »Angenehme Gefühle fördern« (Seite 98).

→ Die Arbeit mit biografischen Mustern (Download Mentalbereich), Stressabbau und Perspektivwechsel helfen, innere Geschehnisse zu bearbeiten.

Abschließende Worte

Auch das Ende dieses Buchs soll eine Geschichte sein: diesmal eine der griechischen Mythologie.

Persephone war eine Nymphe. Sie lebte mit ihrer Mutter Demeter, der Göttin des Weines und der Früchte, und anderen Nymphen im Wald. Nahe dem Wald führte ein Gebirge zum Tor der Unterwelt, dem Ort der Toten. Den Nymphen war es verboten, zum Gebirge zu gehen. Doch Persephone war fasziniert vom Verbotenen. Sie ignorierte die Regel, ging zum Gebirge und fiel in die Unterwelt. Hades, der Gott der Unterwelt, verliebte sich in Persephone und sie lebten gemeinsam in der Unterwelt. Aus Liebe und List pflanzte er ihr einen Garten mit Granatäpfeln. Persephone, betört von der Liebe Hades' und der Schönheit des Gartens, aß einen halben Granatapfel aus Hades' Garten. Damit war sie an die Unterwelt gebunden, denn man durfte nichts – auch nichts Gegessenes – aus der Unterwelt in die Oberwelt mitnehmen. Im Wald erlitt Demeter derweil unerträgliche Schmerzen ob dem Verlust ihrer Tochter. Sie konnte nicht ertragen, dass Persephone in der Unterwelt blieb, und wollte sie zurückbekommen. So verhandelte sie mit Hades und argumentierte, dass Persephone nur einen halben Granatapfel gegessen hätte und folglich die Hälfte des Jahres in der Oberwelt – bei ihr – leben dürfe. Hades willigte ein und so lebte Persephone die Hälfte des Jahres bei ihm in der Unterwelt und kehrte die andere Hälfte zu Demeter in die Oberwelt zurück. Immer wenn Persephone in der Unterwelt weilte, war Demeter so unglücklich, dass sie nichts wachsen ließ. Lebte Persephone hingegen bei ihr, so gediehen Früchte und Getreide reichlich – es entstanden die Jahreszeiten.

Warum erzählen wir diese Geschichte? Sie ist eine wunderbare Metapher für psychische Krisen und soziale Beziehungen. Ungewollt runtergefallen oder fasziniert davon, verbringen viele Menschen immer wieder Zeiten in der Unterwelt. Dieser Ort ist nicht nur schlecht, auch dort existiert Liebe und es werden Gärten gepflanzt. Alle entscheiden für sich, wie viel sie sich von der Unterwelt einverleiben – um sich an sie zu binden. In der Oberwelt sitzen indes Mütter, Väter, Freunde und Angehörige, die mehr oder weniger geduldig auf die Rückkehr ihrer Geliebten warten. Oft sind sie traurig und haben keine Kraft mehr, etwas zum Wachsen zu bringen.

In dem Sinne wünschen wir Ihnen alles erdenklich Gute und dass Ihnen dieses Buch als Begleiterin und Wanderkarte dienen mag, um stets wieder den Weg zurück in die Oberwelt zu finden – vielleicht gar, um dort zu bleiben.

Literatur

AMBÜHL, H.; GRAWE, K. (1988): Die Wirkungen von Psychotherapie als Ergebnis der Wechselwirkung zwischen therapeutischem Vorgehen und Aufnahmebereitschaft der Klient/inn/en. In: Zeitschrift für Klinische Psychologie, Psychopathologie und Psychotherapie, 36 (4), S. 308–327.

BANDLER, R.; GRINDER, J. (2010): Reframing. Neurolinguistisches Programmieren und die Transformation von Bedeutung. Paderborn: Junfermann.

BAUER, J. (2006): Warum ich fühle, was du fühlst. Intuitive Kommunikation und das Geheimnis der Spiegelneurone. München: Heyne.

BAUER, J. (2008): Das kooperative Gen. Abschied vom Darwinismus. Hamburg: Hoffmann und Campe.

BAUER, J. (2013): Das Gedächtnis des Körpers. Wie Beziehungen und Lebensstile unsere Gene steuern. München: Piper.

BESSER-SIEGMUND, C.; SIEGMUND, H. (2015): wingwave-Coaching. Wie der Flügelschlag eines Schmetterlings. Paderborn: Junfermann.

BIEBER, C.; GSCHWENDTNER, K.; MÜLLER, N.; EICH, W. (2016): Partizipative Entscheidungsfindung (PEF) – Patient und Arzt als Team. In: Psychotherapie, Psychosomatik, Medizinische Psychologie, 66 (05), S. 195–207.

BOWEN, M. (1978): Family therapy in clinical practice. New York: Jason Aronson, Inc.

BREGMAN, R. (2019): Utopien für Realisten. Die Zeit ist reif für die 15-Stunden-Woche, offene Grenzen und das bedingungslose Grundeinkommen. Reinbek: Rowohlt Taschenbuch.

Campbell, J. (1974): The mythic image. Princeton: Princeton University Press.

Caspar, F.; Pjanic, I.; Westermann, S. (2018): Klinische Psychologie. Lehrbuch. Wiesbaden: Springer.

Cortes, D. E.; Mulvaney-Day, N.; Fortuna, L.; Reinfeld, S.; Alegría, M. (2009): Patient--provider communication: understanding the role of patient activation for Latinos in mental health treatment. In: Health Education & Behavior, 36 (1), S. 138–154.

Damasio, A. R. (2009): Ich fühle, also bin ich. Die Entschlüsselung des Bewusstseins. Berlin: List Taschenbuch.

Dannemeyer, R.; Dannemeyer, P. (2016): NLP-Practitioner-Lehrbuch. Potenziale entfalten mit Neurolinguistischem Programmieren. Paderborn: Junfermann.

Dion, C.; Laurent, M. (2015): Tomorrow. Die Welt ist voller Lösungen (DVD, Blu-Ray, VOD). Frankreich: Pandora Film Medien.

Dittmar, V. (2019): Das innere Navi. Wie du mit den fünf Disziplinen des Denkens Klarheit findest. Wie Intuition, Inspiration, Herzintelligenz und Absicht mit der Ratio zusammenspielen. Rettenbach: VCS Dittmar.

Estés, C. P. (2022): Die Wolfsfrau. Die Kraft der weiblichen Urinstinkte. München: Heyne.

Fareri, D. S. (2019): Neurobehavioral mechanisms supporting trust and reciprocity. In: Frontiers in Human Neuroscience, 13, S. 271.

Fogel, A. (2019): Selbstwahrnehmung und Embodiment in der Körperpsychotherapie. Vom Körpergefühl zur Kognition. Stuttgart: Schattauer.

Fredrickson, B. L. (2001): The role of positive emotions in positive psychology. The broaden-and-build theory of positive emotions. In: American Psychologist, 56 (3), S. 218–226.

Freud, A. (2006): Das Ich und die Abwehrmechanismen. Frankfurt a. M.: Fischer Taschenbuch.

Gallo, F. P.; Vincenzi, H. (2007): Gelöst – entlastet – befreit. Klopfakupressur bei emotionalem Stress. Kirchzarten: VAK.

Gapp, K.; Bohacek, J. (2018): Epigenetic germline inheritance in mammals: looking to the past to understand the future. In: Genes, Brain and Behavior, 17 (3), S. 1–12.

Gluck, M. A.; Mercado, E.; Myers, C. E. (2010): Lernen und Gedächtnis. Vom Gehirn zum Verhalten. Heidelberg: Spektrum.

Greve, N.; Osterfeld, M.; Diekmann, B. (2017): Umgang mit Psychopharmaka. Ein Patientenratgeber. Köln: BALANCE buch + medien verlag.

Harari, Y. N. (2015): Eine kurze Geschichte der Menschheit. München: Pantheon.

Hautzinger, M. (2013): Kognitive Verhaltenstherapie bei Depressionen. Weinheim, Basel: Beltz.

Hoffman, B. M.; Blumenthal, J. A.; Babyak, M. A.; Smith, P. J.; Rogers, S. D.; Doraiswamy, P. M.; Sherwood, A. (2008): Exercise fails to improve neurocognition in depressed middle-aged and older adults. In: Medicine & Science in Sports and Exercise, 40 (7), S. 1344–1352.

Hüther, G. (2015): Die Macht der inneren Bilder. Wie Visionen das Gehirn, den Menschen und die Welt verändern. Göttingen: Vandenhoeck & Ruprecht.

KEDING, C. (2013): Praxisbuch psychologische Kinesiologie. Seelische Konflikte, emotionale Krisen und belastende Verhaltensmuster schnell lösen – mit Stress Release. Kirchzarten: VAK.

KOECHLIN, F. (2023): PflanzenPalaver. Belauschte Geheimnisse der botanischen Welt. Basel: Lenos.

LEHMANN, P.; ADERHOLD, V.; RUFER, M.; ZEHENTBAUER, J. (2017): Neue Antidepressiva. Atypische Neuroleptika. Risiken, Placebo-Effekte, Niedrigdosierung und Alternativen. Berlin, Shrewsbury: Peter Lehmann Publishing.

LIONNI, L. (2003): Frederick. Weinheim: Beltz & Gelberg.

MCCRATY, R.; ATKINSON, M.; TOMASINO, D.; BRADLEY, R. T. (2009): The coherent heart: heart-brain interactions, psychophysiological coherence, and the emergence of system-wide order. In: Integral Review, 5 (2), S. 10–115.

MÉRIADE, L.; ROCHETTE, C.; TALBOT, D. (2018): Interpersonal trust in a hospital context: a proposed analysis by the studies of proximities. In: Gestion et Management Public, 7 (1), S. 31–52.

ODELL, J. (2022): Nichts tun. Die Kunst, sich der Aufmerksamkeitsökonomie zu entziehen. München: C. H. Beck.

PANKSEPP, J. (2011): Behavior. Empathy and the laws of affect. In: Science, 334 (6061), S. 1358–1359.

PAULSEN, S. (2014): Trauma und Dissoziation mit neuen Augen sehen. Ego-State-Therapie und EMDR bei DIS und PTBS. Lichtenau: G. P. Probst.

PORGES, S. W. (2017): The pocket guide to the polyvagal theory. The transformative power of feeling safe. New York: W. W. Norton & Company.

PORGES, S. W. (2021): Polyvagal safety. Attachment, communication, self-regulation. New York: W. W. Norton & Company.

RAUTHMANN, J. F.; SHERMAN, R. A.; NAVE, C. S.; FUNDER, D. C. (2015): Personality-driven situation experience, contact, and construal: how people's personality traits predict characteristics of their situations in daily life. In: Journal of Research in Personality, 55, S. 98–111.

RENZ-POLSTER, H.; HÜTHER, G. (2022): Wie Kinder heute wachsen. Natur als Entwicklungsraum. Ein neuer Blick auf das kindliche Lernen, Fühlen und Denken. Weinheim: Beltz.

RIZZOLATTI, G.; CRAIGHERO, L.; FADIGA, L. (2003): The mirror system in humans. In: Stamenow, M. I.; Gallese, V. (Hg): Mirror neurons and the evolution of brain and language. Amsterdam: John Benjamins, S. 37–59.

ROGERS, C.; ROSENBERG, R. L. (2016): Die Person als Mittelpunkt der Wirklichkeit. Stuttgart: Klett-Cotta.

ROSENBERG, S. (2018): Der Selbstheilungsnerv. So bringt der Vagus-Nerv Psyche und Körper ins Gleichgewicht. Kirchzarten: VAK.

RYAN, R. M.; DECI, E. L. (2017): Self-determination theory. Basic psychological needs in motivation, development, and wellness. New York: Guilford.

SCHARMER, C. O. (2022): Essentials der Theorie U. Grundprinzipien und Anwendungen. Heidelberg: Carl Auer.

SCHULZ, M.; ZUABONI, G. (HG.) (2014): Die Hoffnung trägt. Psychisch erkrankte Menschen und ihre Recoverygeschichten. Köln: BALANCE buch + medien verlag.

SELIGMAN, M. (2012): Flourish. Wie Menschen aufblühen. Die Positive Psychologie des gelingenden Lebens. München: Kösel.

SERVAN-SCHREIBER, D. (2006): Die neue Medizin der Emotionen. Stress, Angst, Depression: Gesund werden ohne Medikamente. München: Goldmann.

Stahl, E. (2017): Dynamik in Gruppen. Handbuch der Gruppenleitung. Weinheim: Beltz.

Steinle, J. (2015): Zwischen Herausforderung und Chance. Das Allostase-Stress-Modell und die salutogene soziale Arbeit. In: Soziale Passagen, 7, S. 263–278.

Stern, D. (2020): Die Lebenserfahrung des Säuglings. Stuttgart: Klett-Cotta.

Storch, M. (2016): Machen Sie doch, was Sie wollen! Wie ein Strudelwurm den Weg zu Zufriedenheit und Freiheit zeigt. Bern: Hogrefe.

Storch, M.; Cantieni, B.; Hüther, G.; Tschacher, W. (2022): Embodiment. Die Wechselwirkung von Körper und Psyche verstehen und nutzen. Bern: Hogrefe.

Tardos, A. (2000): Autonomie und/oder Abhängigkeit. In: Mit Kindern wachsen, (3), S. 4–9.

Wall Kimmerer, R. (2021): Gathering moss. A natural and cultural history of mosses. London: Penguin Books Ltd.

Wall Kimmerer, R. (2023): Das Sammeln von Moos. Eine Geschichte von Natur und Kultur. Berlin: Matthes & Seitz.

Wood, W. (2019): Good habits, bad habits. The science of making positive changes that stick. New York: Macmillan.

Yehuda, R.; McFarlane, A. C.; Shalev, A. Y. (1998): Predicting the development of posttraumatic stress disorder from the acute response to a traumatic event. In: Biological Psychiatry, 44 (12), S. 1305–1313.

Zhang, J.; Qin, S.; Zhou, Y.; Meng, L.; Su, H.; Zhao, S. (2018): A randomized controlled trial of mindfulness-based Tai Chi Chuan for subthreshold depression adolescents. In: Neuropsychiatric Disease and Treatment, 14, S. 2313–2321.